W9-BOO-062

Lo que otros están diciendo...

Cuando se escriba la historia de la evangelización del mundo hispano, en los registros del Espíritu Santo en el Reino de los Cielos, se verá la relevante influencia del ministerio de Marcos en el gran avivamiento entre los pueblos de habla castellana. Gracias Marcos por tu libro. Lo recibimos como agua fresca en tarde ardiente de verano.

ALBERTO MOTTESI
Evangelista

[...] En este glorioso tiempo que estamos viviendo le damos gracias al Dios del Cielo por levantar sacerdotes con unción y humildad que sólo buscan llevar al pueblo de Dios a la adoración. Al leer *Adoremos*, siento en mi corazón que Dios levanta una nueva generación de adoradores. ¡Gracias Señor por Marcos, que tan oportunamente levantaste y ungiste para tu Gloria y Alabanza!

CARLOS A. ANNACONDIA
Evangelista

Más que un cantante, y más que un autor, Marcos es un adorador del Dios Altísimo y[...] escribe[...] de un corazón desbordándose de su experiencia personal. Dios está buscando a los que le adoren en espíritu y en verdad. Creo que *Adoremos* le ayudará en su propia búsqueda de llegar a ser uno de estos adoradores.

VÍCTOR RICARDO
Director, Intercesores por México
Director, Ministerios Vino Nuevo

[...] La esencia de la adoración reside en la experiencia que tiene el adorador con Dios. De la experiencia de Marcos se desprende que la adoración nos permite tener una visión clara de quién es Dios y quiénes somos nosotros frente a su majestad y su gloria.

VANYO ESQUILÍN
Grupo musical, XXXIII d.C.
Puerto Rico

¡Finalmente!... Hay una voz que emite palabra de día a día y de noche a noche declara sabiduría. Esta voz ha estado llamando a la iglesia de Cristo a una relación íntima que solamente se desarrolla en el lugar secreto de comunión. Es el Padre buscando adoradores en espíritu y en verdad.

Marcos Witt ha sido y sigue siendo uno de los principales portavoces de este llamado que sale del corazón de Dios. A través de este libro oigo la voz divina llamándonos a ser inundados con ondas de amor celestial.

DAVID GRECO
Radiovisión Cristiana Internacional

Definitivamente, el libro de Marcos es algo que la iglesia hispana necesitaba para conocer más acerca de la adoración. Por su forma clara y sencilla, pero a la vez profunda, será de mucha edificación para todos.

CHUY OLIVARES
Pastor, *Casa de Oración*
Guadalajara, México

Adoremos

Marcos Witt

© 1993 Marcos Witt
Campanilla #34
Jardines de Durango
Durango, Dgo; México, 34200

Publicado por **EDITORIAL CARIBE** y
distribuido por **EDITORIAL BETANIA**
9200 S. Dadeland Blvd., Suite 209
Miami FL 33156, EE.UU.

A menos que se indique lo contrario,
todas las citas bíblicas fueron tomadas
de la Versión Reina-Valera, revisión de 1960
© 1960 Sociedades Bíblicas Unidas

ISBN: 0-88113-195-4

Reservados todos los derechos.
Prohibida la reproducción total
o parcial de esta obra sin
la debida autorización
de los editores.

Impreso en E.E.U.U.
Printed in U.S.A.

AGRADECIMIENTOS

A la hora de tener que dar las gracias, uno se expone a cometer errores en no recordar a alguien. Por adelantado, si se me olvidó alguien, prometo incluirlo en los agradecimientos de mi próximo libro.

Antes que nada a mi esposa, Miriam, quien ha sido un apoyo constante durante todo el largo proceso de escribir este libro. El sueño tiene más de cinco años, y al fin es una realidad, debido en parte al amor, ánimo y palabras de consejo de mi preciosa ayuda idónea que Dios, en Su enorme sabiduría y misericordia, me trajo.

Gracias, Elena, Jonathan y Kristofer por perdonarme las veces que no he podido estar con ustedes al estar escribiendo o ministrando. Espero que el resultado de eso sea una inversión que ustedes pueden contar como suya en el Reino de los cielos.

A todas las personas que trabajan en *CanZion Producciones* y *Más Que Música*, mis amadísimos colegas en el trabajo que el Señor nos ha encargado. Les amo más allá de palabras.

Gloria Quiñones, este libro es un resultado

de tu amor hacia mí y la obra del Señor que me ha encargado. Gracias por tus horas de revisión, aportaciones y ediciones. Hay que hacerlo de nuevo en la próxima, si tú así lo deseas.

Alex Herrera es una de las bendiciones enormes que el Señor me ha dado. Gracias por tu entrega, tus muchas horas de «teclear» e imprimir y miles de otros detalles que te hacen sobresalir de entre mucha gente. Te amo.

A Jim Cook, medio que el Señor ha usado en mi vida muchas veces. Gracias por tu apoyo y sobre todo por tu amistad. A WORD por ser una gran compañía. A Editorial Caribe y Betania. A Manolo Abascal y Juan Rojas, dos razones por las que me siento privilegiado de tener una casa Editora tan especial. Gracias por confiar y creer en mí como escritor.

Jesús, ¿qué haríamos sin Ti? Tú eres la razón de todo: mis esfuerzos, mi trabajo, mis canciones y ahora mis escritos. Te amo y te seré fiel hasta la muerte, porque sé que Tu gracia y Tu fidelidad siempre me sostendrán. Gracias por llevarnos hasta aquí. En verdad, sigo con el insaciable deseo de ser un verdadero adorador. Para ello, te necesito más que ayer.

CONTENIDO

	Prólogo	9
	Prefacio	11
1	Acción de gracias	15
2	Alabanza	37
3	Antes de ser un adorador	55
4	Adoración	81
5	¿Por qué la escasez de verdaderos adoradores?	103
6	Un encuentro con Dios	121
7	La importancia de alabar y adorar	151
8	Los moradores de Sion	167
9	Allá en el cielo	187
10	Problemas comunes en la alabanza y adoración	219
	Conclusión	247

PRÓLOGO

EN su libro, *Adoremos*, Marcos Witt trata la alabanza y la adoración de tal manera que el cristiano más sencillo pueda entender las profundidades y las alturas de estas verdades tan importantes necesarias y actuales. No pudiera estar más «a tiempo» esta obra.

Habiendo viajado con Marcos extensamente en la República Mexicana, visitando sesenta ciudades prominentes con las «Noches de Alabanza e Intercesión», pude observar al autor de cerca y llegar a conocer el latir de su corazón. Él es más que un cantante, y más que un autor. Marcos es un adorador del Dios Altísimo y del Señor Jesucristo. Su primer amor es aquel de quien canta, alabándole y adorándole.

Así que Marcos escribe, no de simple teoría, sino de un corazón desbordándose de su experiencia personal. Dios está buscando a los que le adoren en espíritu y en verdad. Creo que *Adoremos* le ayudará en su propia búsqueda de llegar a ser uno de estos adoradores.

VÍCTOR RICARDO
Director, Intercesores por México
Director, Ministerios Vino Nuevo

PREFACIO

RECUERDO como si fuese ayer el día que nació en mi corazón un increíble deseo de conocer más acerca de la adoración, la alabanza, la música y la unción.

Tendría unos 14 años de edad cuando mi familia visitó, en la ciudad de San Antonio, Texas, una congregación, en la que después iniciaría mi ministerio de tiempo completo. En aquella ocasión estaba también de visita Mike Herron, pastor de música de la ciudad de Portland, Oregon, pianista excelente, compositor y director de alabanza. Mike había estado predicando durante varias noches acerca de la alabanza y adoración. Cada noche pasaba un tiempo en el piano cantando y alabando, enseñando nuevas canciones y llevando a la congregación a la presencia del Señor.

A esa edad, yo vivía una etapa de mi vida en la que la música lo era todo. Estudiaba en la Escuela de Música de la Universidad Juárez del Estado de Durango, México, y mis días los pasaba íntegramente ocupados en ensayos con la orquesta juvenil del Estado, clases de solfeo, chelo, canto y piano. Me atraía el talento de los buenos ejecutantes, por eso, en esta ocasión, Mike Herron captaba toda mi atención. Sin embargo, había algo en él que me impresionaba más que todo: era lo que podría identificar como su gran capacidad de «profetizar» en el piano.

¿En qué consistía aquello? Cada noche comenzaba a cantar canciones espontáneas y a adorar profundamente al Señor. Era evidente que aquellas canciones no habían sido cantadas antes y ni siquiera ensayadas, pero todas eran interpretadas dentro de un marco de total excelencia, musicalmente hablando. Esto jamás lo había visto yo, y ahora, al ser testigo de algo así, en mi corazón empecé a sentir una gran inquietud al respecto. Quise llegar a hacer lo que él hacía, pues nunca había experimentado el poder de la presencia del Señor en una manera similar. Quería esa unción que hacía que este músico pudiera llevarnos de tal manera a un reconocimiento pleno y total de la presencia del Señor. Nunca se borró de mi mente aquella escena.

En muchos sentidos la música era mi dios, por eso la estudiaba con aquel gran amor que le tenía. Pero aunque quería estar muy cerca de la música, no estaba muy cerca del Señor; por eso, dos años después, cuando a los 16 años y medio tuve un «reencuentro» con Jesús, un pasaje me sacudió hasta los huesos:

Mas la hora viene, y ahora es, cuando los *verdaderos adoradores* adorarán al Padre en espíritu y en verdad; porque también el Padre tales adoradores *busca* que le adoren. Dios es Espíritu; y los que le adoran, en espíritu y en verdad es necesario que adoren (cursivas del autor).

Juan 4.23, 24

No me podía imaginar por qué el Padre tenía que andar *buscando* verdaderos adoradores. ¡Qué tragedia! Tuve entonces una mayor inquietud. Ahora quería saber todo lo que significaba ser un *adorador*, y qué era aquello de la unción profética en la música. Ahí inicié, con gusto y entrega, una búsqueda que ya tiene más de quince años y que me ha permitido ver cosas prácticas y elementales para llegar a ser un verdadero adorador. He aprendido también que sí era posible alcanzar la meta que me había propuesto. Nunca me imaginé que la Biblia tuviese tanta información al respecto. Después de todo este tiempo de buscar, leer, meditar, compartir, aprender, escuchar, etc., he llegado a la conclusión de que todavía hay muchísimo más por aprender.

Intentaré en este libro darles a conocer algunas de las cosas que han sido de gran ayuda para mi vida en esta jornada incansable de llegar a ser un verdadero adorador. Espero que a través del mismo usted pueda encontrar algo que le sirva y encienda un fuego de pasión en su vida para llegar a conocer al Señor por medio de la alabanza y la adoración.

ACCIÓN DE GRACIAS

*E*L Salmo 100.4 donde leemos: «Entrad por sus puertas con acción de gracias, Por sus atrios con alabanza» nos da la pauta de cómo es el proceso de entrar al Lugar Santísimo de la presencia del Señor. Es obvio que este pasaje se refiere al tabernáculo donde moraba el arca del pacto de la presencia de Dios, y nos enseña que a su habitación se entra por las «puertas» de acción de gracias.

Cuando estudiaba en la Escuela Bíblica, escuché a uno de mis profesores decir: «El nivel de tu agradecimiento estará directamente relacionado con tu nivel de espiritualidad». Al principio, esta declaración me sonó un poco drástica, pero al pensarla, le encontré sentido. ¿Cómo pasar por personas espirituales o entregadas al Señor cuando le somos malagradecidos? ¿No es cierto que el agradecimiento en la vida de uno determina mucho su estado de ánimo? Cuando una persona es malagradecida, no vive en armonía con nadie, mucho menos con el Señor.

En esta primera parte, nos daremos cuenta que la gratitud es algo muy importante en el proceso de llegar a ser verdaderos adoradores. Como dice Santiago, es imposible que de una misma fuente puedan salir aguas amargas y aguas dulces a la misma vez. Y si esto es así, entonces es imposible que si uno va a ser un adorador que rinda verdadera adoración (aguas dulces) pueda también ser malagradecido (aguas amargas). Arreglemos este asunto en nuestras vidas, antes de seguir adelante.

Ingratitud

Pablo le escribe a Timoteo diciendo: «[...] También debes saber esto: que en los postreros días vendrán tiempos peligrosos. Porque habrá hombres... ingratos[...]» (2 Timoteo 3.1,2). Es interesante ver que en una lista de varias actitudes desagradables, el apóstol incluye la ingratitud como una de las señales de dos cosas: 1) «los postreros días» y 2) «tiempos peligrosos». Si hay una palabra que resume la actitud general de la mayoría de la gente hoy en día esta es la palabra ingratitud. Todos están preocupados por sus propios intereses, necesidades y deseos y no hay tiempo para las necesidades, los dolores y las angustias de los demás. Pareciera que la moda de la gente de ahora es pensar que la sociedad les «debe» algo y por lo tanto adoptan la actitud del que espera que le den, en lugar de dar. Y cuando se les da algo, en lugar de decir «gracias» dicen: «Pues, ya era hora. Te tardaste un poco, eh». Esta lamentable actitud es uno de los factores que están contribuyendo al desmoronamiento de la fibra moral del mundo. No hemos encontrado el punto de «contentamiento» en las cosas. Siempre queremos más, y cuando no lo podemos obtener, nos ponemos a acusar a todo el mundo y a tratar de transferir la responsabilidad de nuestra «necesidad» a otros. Esto es un estado muy avanzado de ingratitud. Necesitamos recordar estos consejos:

> [...] Sean vuestras costumbres sin avaricia, *contentos* con lo que tenéis ahora[...]
>
> Hebreos 13.5

> Así que, teniendo sustento y abrigo, estemos *contentos* con esto» (cursivas del autor).
>
> 1 Timoteo 6.8

El Diccionario Larousse describe la palabra «ingratitud» como: «Desagradecimiento; olvido de los beneficios recibidos». Esto último me dejó sorprendido cuando lo leí. ¡Cuántas veces se nos han olvidado los beneficios que el Señor, en su amor, misericordia y gracia nos ha dado! ¡Tan fácil es el olvidar! Nos ocupamos con las cosas de la vida cotidiana, con nuestras responsabilidades y miles de otros asuntos, haciéndonos olvidar todos los beneficios del Señor. Con razón el Salmista dice: «[...] no olvides ninguno de sus beneficios[...]» (Salmos 103.2). David reconoce que el agradecimiento es uno de los ingredientes importantes en la vida de un adorador. No hay lugar más precioso que aquel donde uno reconoce que el Señor nos ha dado toda dádiva buena y todo don perfecto (véase

Santiago 1.17); y, por lo tanto, podemos estar «contentos»; en otras palabras, satisfechos, agradecidos y viviendo un estilo de vida que muestre nuestra gratitud. Esto trae una dimensión de paz que ninguna otra cosa puede traer. Busque ese lugar de contentamiento.

Recuerdo que hace muchos años quise comprar un vehículo nuevo, porque pensaba que el que tenía ya no podía servir bien a los propósitos del Reino. Como ve muchas veces le echamos la culpa al Señor de no querer satisfacer nuestros deseos personales:

—Señor, tú sabes que te quiero servir. Pero este coche ya tiene sus añitos y me impide darte un mejor servicio. Si quieres seguir contando con mi ayuda, me vas a tener que dar uno nuevo. Que sea del año, y por favor color verde menta, con aire acondicionado, dirección hidráulica, etc.

En aquel entonces recuerdo que miraba los coches de todos los demás. Cuando conducía por la calle o por la carretera, siempre me iba fijando en los otros carros que pasaban y soñaba con tener uno similar. Llegó a tal grado mi insatisfacción en esto que hasta llegué a vivir de una forma muy personal de malagradecimiento con el Señor. Le decía:

—Señor, ¿cómo es posible que bendigas más al impío que a tus «siervos»? ¿Cómo quieres que te sea útil si no me das buenas herramientas con qué trabajar?

Un día cuando conducía mi auto por una

autopista de Estados Unidos (donde se encuentran los autos más hermosos que jamás haya visto), discutía con el Señor y trataba de convencerlo que era yo un buen candidato para ser receptor de ese vehículo que había llegado a idolatrar. Cuando de pronto, el Señor me dijo:

—Marcos, ¿a qué velocidad vas?

Contesté:

—Perdón, Señor, ¿pero eso tiene algo que ver con lo que venimos hablando?

El Señor:

—Todo.

Yo:

—Bueno, Señor pues vengo a... (tuve que bajar la velocidad). Ahora sí, vengo a la velocidad permitida, ¿por qué, Padre?

De nuevo me contestó el Señor, pero con su manera tan característica: suave, sin gran alarde, pero directo al grano:

—No te veo ni a pie, ni descompuesto al lado de la carretera, y aunque sí lo estuvieras, recuerda que siempre estoy contigo y nunca te dejaré. Tienes un auto que te transporta bien (y hasta con más de la velocidad permitida, por cierto), está pagado, sólo tienes que echarle gasolina y hacer estos viajes, a donde te mando nunca te ha faltado el alimento ni la vestimenta ni donde dormir. ¿De qué te estás quejando?

Y así, tan rápido como me habló, dejó de hacerlo. Pero, vaya que agarré el mensaje. Me puse a cantar y a alabarle y a darle las gracias por su increíble amor y gracia que siempre nos regala. Miré mi auto y lo pude ver con nuevos ojos de aprecio y agradecimiento: era el regalo que el Señor en una ocasión anterior me había hecho.

Podemos decir mucho acerca de no codiciar, ser agradecidos con lo que tenemos y no querer lo que tienen otros. Cuando dejemos esta manera de pensar estaremos más cerca de llegar a ser un verdadero adorador.

El agradecimiento como ofrenda

Casi todas las ofrendas y sacrificios del Antiguo Testamento contienen un elemento de «acción de gracias». El sentimiento es que al ofrecer el sacrificio los israelitas no lo hacían sólo para pedir perdón por los pecados, sino también para dar gracias de que aún vivían para poder hacerlo. Había un reconocimiento general entre el pueblo de que servían a un Dios temible, grande y poderoso. El hecho de ofrecer sacrificios y ofrendas no era solamente en obediencia a sus mandatos, sino también en agradecimiento de que les permitía seguir con vida para poder acercarse a Él. Una de estas ofrendas es la de paz o, como comúnmente se le llama, el «sacrificio de paz» (véase Levítico 7.11,12).

Una de las razones por la que se ofrecía esta ofrenda era la acción de gracias (v. 12). Hay varios versículos que hablan de sacrificar en acción de gracias (Levítico 22.29; Salmo 50.14;

107.22; 116.17; Amós 4.5; Jonás 2.9). Creo que el concepto de ofrecer un sacrificio es muy interesante para esta aplicación. El diccionario dice que «sacrificio» significa «esfuerzo hecho o pena sufrida voluntariamente en expiación de una falta...» Otra definición: «Privación que sufre o se impone una persona». Las dos definiciones contienen el elemento «voluntario», algo que hacemos de nuestra propia iniciativa, algo que decidimos hacer o «imponer» sobre nosotros mismos. Es una acción de la voluntad. Muchas personas sólo agradecen cuando lo «sienten», pero el concepto de «sacrificio» amplía un poco el entendimiento en que algunas veces no «sentiremos» ser agradecidos, pero lo daremos como ofrenda, «acción voluntaria» que nos «imponemos» para mostrar nuestro agradecimiento al Señor.

Una de las palabra hebreas que significa «acción de gracias» es la palabra *towdah* traducida muchas veces al español como «alabanza», porque en su definición original vienen los dos sentidos, y hasta uno tercero que es «confesión». Es decir *towdah* significa «alabanza, acción de gracias y confesión», pero en la mayoría de los lugares en su Biblia en español donde en hebreo dice *towdah* usted leerá «alabanza». Uno de esos lugares, entre otros, es el Salmo 50.14, donde dice: «Sacrifica a Dios alabanza (*towdah*), y paga tus votos al Altísimo». Es interesante notar que en esta aplicación de «sacrificar» viene la palabra «*towdah*» o sea, acción de gracias.

Algo que acabo de descubrir es que en Hebreos 13.15 donde encontramos el famoso versículo sobre «[...] sacrificio de alabanza[...]» la palabra «alabanza» en este caso es la palabra griega *ainesis* que quiere decir, aparte de alabanza, «ofrenda de acción de gracias». Podemos ver en esto que acciones de gracias y alabanza van de la mano y se deben ofrecer como sacrificio: «Esfuerzo hecho... voluntariamente».

Otro versículo interesante es Levítico 22.29: «[...] Y cuando ofreciereis sacrificio de acción de gracias [la palabra usada aquí es *towdah*] a *Jehová*, lo sacrificaréis de manera que sea aceptable[...]» De nuevo vemos el aspecto de «ofrenda» o «sacrificio» en relación a acción de gracias. También hay que hacerlo de tal manera que sea aceptable. Esto habla de las motivaciones del corazón, a lo cual nos referiremos más en el capítulo tres.

El «dar un sacrificio» no debe implicar que es algo pesado, fastidioso o molesto el dar acciones de gracias sino que debe mostrarnos un poco sobre el estar en una actitud de agradecimiento continuo. En realidad, cuando uno medita sobre todas las cosas hermosas que ha hecho el Señor, no tan sólo en Su creación eterna, sino en cada una de nuestras vidas, sería difícil ser una persona malagradecida. Sin embargo, ¡cómo cuesta! A la mayoría de nosotros nos es mucho más fácil quejarnos de todo lo que sucede a nuestro alrededor que dar las gracias. Creo que por esto es un «sacrificio», en ese sentido, porque es un «esfuerzo voluntario» y calculado que hacemos para dar gracias. Cada día deberíamos recordarnos que «Este es el día que hizo Jehová; nos gozaremos y alegraremos en él» (Salmo 118.24), para que no se nos haga tan difícil el dar las gracias.

Un aspecto, a veces duro de entender, de este tema es el dar las gracias en TODO de acuerdo a las instrucciones del apóstol Pablo a los tesalonicenses en el capítulo 5 verso 18: «Dad gracias en todo[...]» Pablo, inclusive, nos la pone un poco más difícil al decirnos que: «[...] es la voluntad de Dios para con [nosotros] en Cristo Jesús». Hay muchas personas en estos tiempos que están buscando «la voluntad de Dios» para sus vidas. Pues aquí está una de las cosas que ya nos ha sido revelado que son Su voluntad. ¿Por qué no la estaremos cumpliendo como nos corresponde? No hay necesidad, realmente, de estar buscando más de Su voluntad hasta que estemos cumpliendo con aquello que ya se nos ha sido encargado, ¿no cree? Y este es un mandamiento tan sencillo pero tan complicado. Ojalá pudiéramos decir que es tan fácil como simplemente decir: «Señor, gracias por todo...», y colorín colorado. Pero no. Nos cuesta mucho trabajo, mucho esfuerzo ser personas agradecidas, sobre todo cuando las cosas «no van bien». Esto, precisamente, nos trae al asunto que muchos batallamos en nuestra vida con relación al agradecimiento. ¿Cuántas veces ha escuchado usted, y he escuchado yo a las personas decir: «¿Pero también le tengo que dar gracias a Dios porque se murió mi esposo?», o «¿Le tengo que dar gracias a Dios porque perdí mi trabajo?», o «¿Le tendré que dar las gracias porque mis hijos se han ido de la casa y mi esposo me golpea cada noche al llegar borracho a la casa?»

Más adelante en este libro estaremos hablando acerca de la necesidad que tenemos de que Dios nos de «visión global»: La habilidad de poder ver las cosas desde el punto de vista de Dios y no desde el nuestro. Ver el «todo» que Dios está tratando de obrar en nuestra vida. En este asunto de dar gracias, es cierto que es difícil mantener el enfoque cuando las cosas no van bien. Es verdad que en muchas ocasiones de nuestra vida sentimos como que el mundo se nos está «cerrando». Sin embargo, si pudiéramos aprender a dar gracias «en» todo, seríamos personas más cerca de llegar a ser verdaderos adoradores. Lo que sucede es que A PESAR de lo que esté pasando podemos dar gracias; EN MEDIO de lo que nos sucede podemos ser agradecidos. Quizás es duro, ¿por qué no decirlo?, imposible de entender todo lo que el Señor está haciendo o que hará a través de esta circunstancia difícil en nuestras vidas. Pero aquí es donde entra la confianza que hemos desarrollado con Él al paso del tiempo y después de haber aprendido a tener una relación íntima con Él. ¡Podemos confiar de que «todas las cosas ayudan a bien» a los que aman a Dios y que son llamados conforme a su propósito (Romanos 8.28).

Un perfecto ejemplo de esto nos lo dio nada menos que nuestro Señor Jesús. En Juan 11 vemos el relato de la muerte de Lázaro, un hombre que era amigo del Señor y que de alguna manera habían tenido una amistad bastante desarrollada por lo que podemos ver. Sin embargo, cuando le traen la noticia a Jesús de que Lázaro está gravemente enfermo, tan así como para existir la posibilidad de muerte, el Señor tranquilamente sigue donde está sin darle mucha importancia al asunto. Les dice algo a los discípulos acerca de que esta enfermedad «es para la gloria de Dios» y luego les informa que va para Judea no Betania, donde vivía Lázaro. ¡Qué manera tan extraña de hacer las cosas el Señor! Muchos de nosotros hubiéramos corrido al lado de nuestro amigo para orar, interceder, hacer cualquier cosa para consolarlo, etc... Pero Jesús, quien tiene «visión global», que ve todas las cosas que no podemos ver nosotros, sigue con toda tranquilidad su marcha hacia adelante.

Ahora, es muy fácil para nosotros leer esta historia el día de hoy y saber lo que va a suceder, pero pongámonos por un momento en el lugar de Marta y María, las hermanas de Lázaro. Saben que Jesús tiene el poder para sanar a su hermano, entonces cuando se pone grave, lo mandan llamar: «Señor, necesitamos que ven-

gas lo más pronto que puedas porque nuestro
hermano, Lázaro, está a punto de muerte y necesitamos un milagro». Me puedo imaginar que
cuando regresa el mensajero de darle el recado
a Jesús, las hermanas casi no pueden esperar
para saber la respuesta que les ha traído de
parte de Él, sólo para encontrarse con que ni
siquiera les mandó un aviso de cuándo llegaría,
etc., sino que simplemente el mensajero les dice
que el Señor se volteó con los discípulos para
decirles que la enfermedad era para traerle
«gloria a Dios» y «¡vámonos a Judea, muchachos!» ¿Se puede imaginar qué desconcertadas
se han de haber sentido estas dos hermanas ante esa terrible noticia? ¿Pueden sentir la frustra-
ción que han de haber sentido al saber que,
aparentemente, ni le había importado al Señor
el asunto de su querido hermano? ¿No es cierto que en muchas ocasiones así se ha sentido
usted al estarle pidiendo algo al Señor? ¿No es
verdad que en muchas ocasiones nos ponemos
a lamentar nuestras circunstancias «tan horribles», y a preguntarle al Señor ¿por qué nos ha
abandonado? Me puedo imaginar que exactamente así se sentían María y Marta al saber
que el Señor no tan solo no venía, sino que
parece que ni le había importado el asunto.
¡Qué desesperación! ¡Qué buen motivo para no
dar gracias!

Las cosas sólo empeoran cuando al fin mue-
re Lázaro, pasan cuatro días, lo han enterrado
(fin de todas sus esperanzas de ver una sani-

dad en su hermano), y están todos en casa llorando y lamentando la pérdida de su queridísimo hermano y amigo, Lázaro. En eso, va llegando Jesús... cuatro días más «tarde». Inmediatamente le salen al encuentro las dos hermanas, muy como nosotros hubiéramos salido y como muchas veces le salimos al encuentro, no con «acciones de gracias» sino con reclamos: «Señor, si hubieses estado aquí mi hermano no habría muerto» (véanse vv. 21 y 32). Dice usted, «un reclamo muy natural de acuerdo a las circunstancias que se estaban viviendo». De acuerdo. Pero, la Palabra nos está tratando de enseñar a ser personas «sobrenaturales». En otras palabras, aprender de la Palabra que aun cuando suceden cosas tan dramáticas como lo que ha sucedido en esta historia, podemos dar un «sacrificio» (esfuerzo voluntario) de gracias a pesar de todo lo que sucede alrededor. De hecho, las circunstancias alrededor de Lázaro todas apuntaban a una derrota, un fracaso, pero el Señor sabe tomar esas cosas y hacerlas que resulten para bien si tan solo pudiésemos aprender eso. Si tan solo pudiésemos CONFIAR en Él y descansar en Él sabiendo que Él tiene todo bajo control.

En esta ocasión es donde vemos a Jesús llorar. Creo que lloró por varias razones, y de eso seguramente mucha gente ya ha dicho muchas cosas y no quiero ser una voz más en el debate del porqué habrá llorado Jesús. Sí quisiera decir que creo que UNA de las razones por las que lloró fue el hecho de que vio tanta incredulidad a Su alrededor. Todo mundo se decía entre sí, «si hubiera llegado más pronto. Qué lástima que no le haya interesado antes el asunto. Si pudo sanar a otros, pudo también haber sanado a Lázaro». Hasta que al fin el Señor le dice a Marta: «[...] ¿No te he dicho que si crees, verás la gloria de Dios?» Casi podemos escucharle decir, «deja de dudar; cree». No cabe duda de que el Señor siente tristeza cuando usted y yo no sabemos tener un corazón confiado en Su voluntad. Cuando preferimos caminar el camino de la incredulidad en lugar del de la seguridad en Él, SABIENDO que «en [medio de] todo» podemos darle las gracias, seguros de que Él está obrando su perfecta voluntad.

Al final, todo salió exactamente como Jesús lo había planeado. Durante este proceso, creo que María y Marta aprendieron una lección muy importante: «Si crees, verás la gloria de Dios» (v. 40) ¿Podremos aprender esta lección nosotros? ¿Será que en nuestro camino para llegar a ser verdaderos adoradores podremos arreglar este detalle en nuestra vida de tal manera que podamos hacer «la voluntad de Dios para con [nosotros]» y «Dar gracias en TODO» de acuerdo a 1 Tesalonicenses 5.18? Es un reto demasiado grande, pero que lo necesitamos tomar si queremos llegar a conocer mejor a nuestro Señor. Le invito a que en este momento se tome un minuto o más para darle gracias al Señor «en medio» de cualquier circunstancia en la que se pueda encontrar. No deje esto para mañana, porque el ser un agradecido es algo que tiene que empezar desde ahorita. Ahí donde se encuentre, comience a pensar en todas las cosas que ha hecho el Señor para con usted. Reconozca que usted no puede comprender la mente insondable de Dios y que en su poco conocimiento de las cosas quiere mostrarle su confianza a través de esta «ofrenda, o sacrificio» de acción de gracias. En voz audible, no importa quiénes estén a su alrededor, alce la voz y comience a darle gracias en medio de esa circunstancia en la que se encuentra y creo con todo el corazón, y hasta lo quiero declarar para usted, que en este momento comienza un nuevo estilo de vida para usted. Desde ahora en adelante, usted será una persona MÁS agradecida de lo que había sido antes.

Un estilo de vida

¿Ha conocido en algún momento alguna persona que se ha pasado toda la vida renegando? Tienen arrugas en la frente de estar tanto tiempo con el entrecejo fruncido. Se ven desagradables, enojados, frustrados. En cambio, hay otras personas que han llegado a la «edad de oro» con una constante sonrisa, siempre alegres, riéndose de todo. ¿Nunca se ha fijado en las arrugas que tienen estas personas? Son arrugas de risa, alegría, gozo. Tengo una hermosa abuelita que llegó a la ancianidad con estas hermosas arrugas en la frente. Fue una mujer que conoció el dolor, el sufrimiento y los tiempos duros. Su marido, (mi abuelo), es un hombre a veces testarudo, de mucha pasión (por no decir otra cosa), con mucha sangre «vagabunda». Creo que mis abuelos han vivido en un total de 50 ciudades diferentes durante sus vidas. Esto no ha sido fácil para mi abuela. Ella enterró a sus dos hijos durante su vida, el primero de ellos (mi papá) murió cuando apenas tenía 21 años de edad, y el otro a los 43. Sin embargo, tiene una relación con Dios tan íntima que nunca, en mi vida, he escuchado de boca de ella una sola palabra de malagradecimiento al Señor, ni de reclamo o duda. Siempre ha sido una persona que se ha caracterizado por su sonrisa impresionante, su carácter alegre, su personalidad no ligera, pero que sí disfrutaba en el dar y recibir de un buen chiste. Su risa es contagiosa al igual que su optimismo. Estuve presente como representante de mi familia en el entierro de mi tío Timoteo en el 1990. Sabiendo que fue un golpe muy duro para ella, vi la fortaleza que ella bebía de las fuentes del Señor y me asombré de la manera de hablar con el Señor durante este momento tan duro para todos los que estuvimos presentes. Su trato con el Señor es tan íntimo, de tanta confianza, de tal manera que pude ver el porqué de esas arrugas de alegría en la frente de mi abuela: ¡ella conoce al Señor! Por lo tanto, hay una confianza en que lo que Él está haciendo es perfecto, llevándola a una paz y una alegría más allá de la humanidad «normal» que nos rodea. Esta paz llegó a ser parte de su vida en años atrás. Desarrolló de tal manera su «estilo de vida» que el darle las gracias en todo no le costaba porque era parte de su misma naturaleza. Nunca pensé en que «tengo que estar agradecida porque esta es la voluntad de Dios para mi vida» sino que simplemente lo hacía como un resultado de conocer a Dios. ¿Se ha dado cuenta de la urgencia que tenemos usted y yo de llegar a conocer al Señor de esta manera? ¿Se fija cuánto nos falta para llegar a este lugar en nuestras vidas? Empecemos desde ahora. Propongámonos cambiar y permitir que el Espíritu Santo del Señor haga un cambio en nuestro corazón para que «dar gracias en todo» sea parte de nuestra manera de vivir.

El Salmista David fue un hombre que se proponía las cosas. Estudiemos un momento algunos de sus escritos.

Alabaré yo el nombre de Dios con cántico, lo exaltaré con alabanza (*Towdah*).

Salmo 69.30

Te ofreceré sacrificio de alabanza (*Towdah*) [...]

Salmo 116.17

Lo que me interesa en su manera de escribir es la forma tan decisiva en que lo hace: «Alabaré», «exaltaré», «ofreceré» todas son palabras que nos revelan un poco el carácter de David.

Era un hombre con determinación, propósito, se fijaba las cosas en su vida y las hacía. Esto nos indica que el dar las gracias *(Towdah)* era parte de su misma naturaleza, parte de su misma manera de ser, parte de su estilo de vida. Vivía en agradecimiento constante.

Hay otra palabra hebrea que emplea mucho el Salmista al escribir y esta es la palabra *Yadah*, que también significa «acción de gracias» pero con una connotación un poco diferente ya que *Yadah* también significa «caer o tirar hacia abajo». Creo que esto es indicativo de el postramiento. Dar una acción de gracias postrándose delante del trono del Señor en reverencia y respeto por todo lo que Él ha hecho para nosotros y por lo que hará. Hablaremos mucho más sobre el postramiento en un capítulo más adelante, pero ahora quiero que veamos algunos de los lugares donde David utiliza la palabra *Yadah* en sus escritos, haciendo notar, sobre todo en esta ocasión, su tono de voz al escribir: determinado, propuesto, asunto arreglado, parte de su estilo de vida.

> Por tanto, a ti cantaré, gloria mía, y no estaré callado. Jehová Dios mío, te alabaré *(Yadah)* para siempre.
>
> Salmo 30.12

> Te confesaré en grande congregación; te alabaré *(Yadah)* entre numeroso pueblo.
>
> Salmo 35.18

Por tanto yo te confesaré (*Yadah*) entre las naciones, oh Jehová, y cantaré a tu nombre.

Salmo 18.49

Cada uno de estos pasajes nos enseña a ser personas determinadas en cuanto a las acciones de gracias. En el último, vimos el otro aspecto de *Yadah* que es el de «confesar». No cabe duda que al postrarnos delante del Señor (y no me refiero a un postramiento litúrgico en ese sentido, sino un estilo de vida), nuestras vidas y nuestro testimonio vienen a ser un testimonio «entre las naciones» de que hay un Dios entre Su pueblo y que es vivo, poderoso, grandioso, maravilloso y millones de otras cosas más. Es tiempo de poner este ingrediente en nuestra vida diaria: acciones de gracias. Seremos personas más confiadas, más seguras, más estables porque tendremos el conocimiento de que a pesar de que no sabemos todo lo que el Señor está haciendo con y por nosotros, sabemos que Su voluntad se está desarrollando en nuestras vidas, y podemos estar agradecidos en medio de todo lo que nos sucede.

Tarea

Les quiero encargar una tarea. Esto es un ejercicio que hicimos hace muchos años y que me sirvió enormemente para revisar el nivel de agradecimiento que había en mi vida.

Tome una hoja de papel y haga tres divisiones con tres encabezamientos que digan «espíritu, alma y cuerpo» de la siguiente manera:

ESPÍRITU   ALMA   CUERPO

En su hoja, empiece a enumerar las diferentes cosas por las que le da gracias a Dios bajo cada una de estas tres divisiones principales de su ser. Por ejemplo, si escribe que le da gracias por salud, esto iría bajo el encabezamiento de «cuerpo». Si le da gracias por el amor que le tiene a sus hijos, iría bajo el encabezamiento de «alma», ya que es una emoción que el Señor nos da en esa área de nuestra vida. Si le da gracias a Dios por el espíritu de agradecimiento que Él está poniendo en su vida, esto tendría que ir bajo el título de «espíritu», ya que es algo que estamos desarrollando en esa parte de nuestro ser. Sucesivamente, vaya llenando los espacios con todas las cosas por las que le da gracias a Dios y después analice dónde es que está más o menos agradecido y empiece a pedirle al Señor que le ayude a tener más agradecimiento en esas áreas de su vida. Esto es un sencillo ejercicio que le permitirá ver, por escrito, dónde está débil en el agradecimiento y le permite la oportunidad de poder arreglar esto, antes de llegar a ser un verdadero adorador.

Finalmente, en la vida de todo verdadero adorador vemos una actitud de agradecimiento que lo caracteriza. Consideremos los siguiente pasajes:

Ciertamente consolará Jehová a Sion; [los moradores de Sion son verdaderos adoradores] consolará todas sus soledades, y cambiará su desierto en paraíso, y su soledad en huerto de Jehová; se hallará en ella alegría y gozo, alabanza *(Towdah)* y voces de canto.

Isaías 51.3

Y el que da semilla al que siembra, y pan al que come, proveerá y multiplicará vuestra sementera, y aumentará los frutos de vuestra justicia, para que estéis enriquecidos en todo para toda liberalidad, la cual produce por medio de nosotros acción de gracias a Dios.

2 Corintios 9.10,11

[...] Arraigados y sobreedificados en Él, y confirmados en la fe, así como habéis sido enseñados, abundando en acciones de gracias.

Colosenses 2.7

Ya que hemos aprendido a ser personas agradecidas, podemos ahora seguir con el próximo paso para llegar a ser un verdadero adorador. ¿Todavía quiere ser un verdadero adorador?

ALABANZA

$\mathcal{E}$N la vida aprende-
mos mucho acerca de la naturaleza, el carácter
y el pensamiento de Dios a través de las cosas
y las personas que el Señor pone a nuestro alrededor. Por ejemplo, cuando mi esposa y yo tuvi-
mos el privilegio de ser padres, toda nuestra vida
cambió. Creo que mis hijos han sido los mejores
maestros que he tenido en la vida. Tantas cosas
que uno antes ignoraba, al ser padre de pronto le
son reveladas. En una ocasión Cristo les dijo a
los discípulos que debían llegar a ser como niños
si querían entrar al reino de Dios (véase Mateo
18.3) y en otra oportunidad dijo a los fariseos:
«[...] De la boca de los niños y de los que maman perfeccionaste la alabanza» (Mateo 21.16).

Uno de los mejores ejemplos que he visto de
cómo se podría definir la diferencia entre alabanza y adoración, es el que observo todos los
días cuando llego a mi casa. Al oír mis hijos
que abro la puerta principal, se escucha en toda la casa un resonante: «¡Papá, bravo, llegó
papá!» y comienzan a correr de todos lados a
abrazarme las piernas, a celebrar, a brincar y a

gritar sólo por el hecho de que he regresado. Esta es una respuesta natural que sale de su interior como admiración, amor y regocijo, al ver a alguien a quien aman. Después de tomarlos en mis brazos y decirles que les amo y me dicen que me quieren y me dan besitos, su tono de voz cambia, sus palabras de regocijo ahora se han transformado en palabras de amor e intimidad. Comienzan a decirme: «Papá, cómo te amo, eres el mejor papá de todo el mundo, el más guapo» y todas esas frases que son como música a los oídos de cualquier padre de familia que quiere a sus hijos.

Al llegar nuestro Padre celestial, nuestra reacción NATURAL es de regocijo, festejo y celebración, porque ha llegado alguien a quien amamos, alguien que es para nosotros TODO, pero una vez que nos hemos acercado a Él, y hemos tenido el privilegio de ser tomados en Sus brazos de amor y recibir esas caricias de Su parte, la celebración se cambia en adoración. Ahora es un tiempo donde podemos decirle las cosas íntimas que se encuentran en la profundidad del corazón, y para ésto no hay necesidad de mucho ruido, sino al contrario, es necesario hablar suave, tierna y amorosamente, para aprovechar la intimidad de la comunión que disfrutamos con Él en ese momento.

Por muchos años se pensó que la alabanza y la adoración eran lo mismo pero ahora el Señor nos ha ido enseñando que no lo son, y que necesitamos aprender a discernir los momentos que pasamos con Él, para que nuestra relación sea más completa y total. Vez tras vez en la

Biblia se nos habla de la diferencia entre las dos cosas. En este capítulo nos dedicaremos a estudiar la alabanza: La reacción festiva ante la llegada de nuestro Señor o de la nuestra ante Él.

La alabanza es fiesta

El Salmo 100 nos dice: «Cantad alegres a Dios, habitantes de toda la tierra. Servid a Jehová con alegría; venid ante su presencia con regocijo». Las palabras hebreas empleadas en este pasaje son: *ruwa* (donde dice «cantad alegres») que significa «gritar, levantar un sonido fuerte, aclamar», y *renahnah* (donde dice «regocijo») que significa «grito de gozo, voz gozosa, cántico». Es interesante que se nos ordena en este pasaje acercarnos a Dios con regocijo ruidoso y festivo. En el libro «The Practice of Praise» Don McMinn dice «...la alabanza debería ser más parecida a una fiesta que a un funeral...» Muchos equivocadamente hemos pensado que el acercarnos a Dios con alegría y celebración es sinónimo de irreverencia, cuando la Biblia no tan solo nos enseña que ésta es la manera de acercarnos a Él, sino que lo ORDENA, como dijo en una ocasión Corrie Ten Boom: «Dios no da sugerencias, sólo órdenes».

El Salmo 145.3 dice: «Grande es Jehová, y digno de suprema alabanza[...]» La palabra «suprema» en el diccionario Larousse se define de la siguiente manera: «Muy alto. Que no tiene superior». Sinónimo: «Soberano».

La alabanza que rendimos al Señor debería

ser más alta que cualquier otra que ofrezcamos a alguna persona, institución o entidad. Debería ser expresada con tanta entrega, energía y devoción, que no quedara duda de lo que hacemos. Sin embargo, muchas veces permitimos que nuestras emociones personales y/o preferencias individuales, nos detengan de rendirle la mejor alabanza que esté dentro de nuestras posibilidades.

En la Biblia encontramos mucho acerca de fiestas. De hecho, el Señor instituyó siete fiestas diferentes que se deberían llevar a cabo durante el año. Algunas eran anuales, otras mensuales y semanales. El caso es que Dios instituyó la fiesta. El diccionario Larousse describe «fiesta» de la siguiente manera: «Solemnidad religiosa o civil en conmemoración de un hecho importante. Alegría, regocijo». La palabra hebrea es *chag* que significa «festival o fiesta, reunión de fiesta». La palabra *chag* es la raíz de otra hebrea, *chagag*, que significa «tener fiesta, hacer un festival o una procesión, celebrar, danzar».

En su relato de la Parábola del Hijo Pródigo, Jesús nos muestra un poco sobre el corazón del Padre: paciente, amoroso, lleno de misericordia, etc. Es clara y visible la comparación hecha entre el padre natural de este hijo perdido y nuestro Padre celestial. Lo interesante es que cuando el hijo al fin regresa, lejos de rechazarlo, el padre lo recibe, lo viste y le vuelve a dar el prestigio de tener el nombre de la familia (le puso anillo en el dedo, señal de autoridad familiar), pero para cerrar con «broche de oro», mandó matar el becerro gordo, trajo a los músicos invitados y le celebró una gran fiesta de bienvenida. Esto no fue un asunto calladito, pues el hermano mayor pudo escuchar la algarabía desde lejos, aún antes de entrar a la casa, al grado de preguntar qué sucedía (Lucas 15.25-26). Si esta parábola nos enseña algo acerca del corazón de Dios, es que tenemos un Dios que se goza en sus hijos y que le gusta celebrar junto con ellos su arrepentimiento. En 1986, México fue país sede de los juegos de la Copa Mundial de Fútbol Soccer. Mi esposa y yo estábamos recién casados y vivíamos en aquel entonces al lado de unos vecinos jóvenes que les gustaba mucho ver el fútbol y por la amistad que teníamos nos encontramos varias veces viendo los partidos. Recuerdo el de apertura: México contra Bélgica en el impresionante Estadio Azteca, repleto en ese día con aproximadamente 120.000 asistentes, incluyendo al Sr. Presidente y otros funcionarios importantes del gobierno mexicano. Después de las ceremonias de inauguración hubo un discurso breve por parte del presidente, honores a la bandera, Himno Nacional y después del protocolo comenzó el partido.

No recuerdo los detalles del partido en sí, sólo que grité mucho para alentar a la selección mexicana esperando que anotaran el primer gol y lo hicieron. En un instante inolvidable, se vio entrar el balón a la portería y se escuchó la voz del locutor, que locamente comenzó a gritar a voz en cuello «goooooool», «goooooool», «México anota el primer gol de la Copa Mundial de 1986». Parecía que no lo hubiésemos oído, porque con insistencia seguía gritando «gooool». Me acuerdo que me encontraba de pie gritando, bailando y festejando este gran acontecimiento, pero como yo no soy tan aficionado al fútbol como lo eran los miles que estaban presentes en el Estadio Azteca, mi euforia terminó mucho antes que la de ellos. Al suceder esto, me impactó la escena que enseguida vi: TODAS aquellas personas estaban de pie, con las manos levantadas al cielo, gritando y celebrando a este equipo de hombres que acababan de anotar el gol. Vi cómo se tomaban de las manos, se abrazaban, muchos derramaban lágrimas, otros tiraban sombreros, gorras, o cualquier cosa que tenían a la mano. Un ambiente de total celebración y festejo reinó en el estadio —y de seguro en miles de hogares a través de México y el mundo entero— por más de 5 ó 10 minutos. La realidad de lo que sucedía me sacudió casi como si me hubiesen golpeado. ¡Esta gente estaba alabando! Llamé a mi esposa y le dije: «Observa esto, están alabando, tienen las manos levantadas en alto, están bailando, gritando (jubilosos) y celebrando lo que estos hombres acaban de hacer». Los dos observamos esto por unos momentos y de pronto a mí se me había ido el espíritu de celebración, porque pude ver que la gente le rendía mejor alabanza a la selección mexicana de fútbol, que a Dios mismo.

En muy pocas y contadas ocasiones he visto gente prorrumpir en alabanza y celebración a

Dios de la manera como lo hicieron esos miles en el Estadio Azteca. Al contrario, muchísimas veces he escuchado todas las razones habidas y por haber del porqué NO se le debe dar esa clase de alabanza al Dios del cielo, quien por cierto metió el gol más grande de las edades en la cruz del Calvario a través de Su Hijo Jesucristo, cuando triunfó sobre Satanás y lo exhibió públicamente (Colosenses 2.15) para que todo el mundo se diera cuenta de la grandeza de Dios.

Después de tan grande milagro, ¿cómo nos atrevemos a no darle la más suprema de las alabanzas? Debemos regocijarnos diariamente al recordar Su obra redentora en la cruz y la victoria que obtuvo para nosotros al poner a Satanás bajo Sus pies y luego regalarnos Su victoria (Efesios 1.22) y en ella podemos caminar y vivir en verdadero triunfo día tras día triunfantes en el nombre de Jesús.

Cuando alguien nos menciona a una persona conocida y de quien tenemos un buen recuerdo, nuestra reacción natural es: «Ah, claro que lo conozco, es un buen amigo», o algo similar. El solo recordar a Jesús, debería traer una respuesta positiva, alegre y dinámica de parte de nosotros. La alabanza nos da la oportunidad de poder expresar esta alegría de una manera visible y tangible. También nos permite presumir de alguien a quien amamos profundamente.

Alabanza es presumir

¿He dicho presumir? No, yo no lo dije. ¡La

Biblia lo dice! La palabra principal en el Antiguo Testamento que habla de alabanza es la palabra *Halal*, raíz de donde viene «Aleluya». En repetidas ocasiones vemos que ésta se emplea para ordenar alabanza a Dios. Por ejemplo, Salmos 22.22,23; 35.18; 56.4; 63.5; 69.30, son sólo algunos de los versos donde, cuando leemos en el español la palabra «alabar, alabaré, alabadle» se utiliza la palabra hebrea *Halal* que significa «hacer brillar, presumir, celebrar, hacer mucho ruido y alarde, ser jubiloso». Igual como cuando mis hijos me reciben al llegar a casa y hacen mucho ruido sin preocuparse en «¿qué pensará papi?» Debemos ser jubilosos cuando llegamos ante la presencia manifiesta del Señor, sabiendo que en lugar de sentirse a disgusto o incómodo, lo más probable y definitivo es que se va a gozar en las alabanzas de Su pueblo. ¿Por qué hemos estado tan preocupados con presumir ante el mundo de que nuestro Dios es tan maravilloso, tan bondadoso, amoroso, misericordioso y miles de otros atributos que Él tiene? No se detenga en presumirle a cuanta gente pueda. Esto es un testimonio al mundo que tiene tan pocos héroes y que constantemente tratan de fabricar alguno nuevo, porque el anterior les quedó mal, o no pudo cumplir todo lo que prometió. Tenemos un Dios que cumple todo lo que promete, nunca ha cometido un error, nunca ha tenido que pedir disculpas a nadie, Él es perfecto y recto en todos Sus caminos. ¡Esto es digno de admirarse y vale la pena que todo el mundo lo sepa!

¿Nunca ha visto a un joven tomado de la mano de su novia? Obsérvele la cara al enamorado: una expresión casi de ¡soberbia! `Todo el que en verdad está enamorado de la mujer de sus sueños es un hombre que quiere que todo el mundo lo admire y diga: «¡Qué increíble gusto tiene!» Le encanta que al pasar por la calle la gente diga: «¡Mira, qué tipo tan afortunado al tener una chica tan guapa! ¿Cómo la habrá convencido para que sea su novia?»

El día después de la Navidad o en algún cumpleaños donde un niño ha recibido un regalo, ¿cuál es la primera cosa que hace? No sale al jardín, ni al patio de atrás de la casa, ¡sale a la calle! ¿Para qué? Para presumir su nuevo juguete a todos sus amigos y que les dé envidia el regalo acabado de recibir. Le encanta ser el dueño y propietario de aquel juguete deseado por todos, pero que nadie de los que viven en la misma calle hasta ahora, ha tenido la fortuna de tener. Ahora sí, este niño va a poder decir «no» al chiquillo que nunca le presta nada o que le ha estado molestando, porque ahora con su nuevo juguete, nadie le podrá decir nada porque él es el dueño.

¿Qué es lo que trato de decir? NADIE que tenga algo bueno en la vida y de lo cual esté contento, satisfecho u orgulloso, va a poder ocultarlo, sino que por la misma naturaleza del hombre, lo quiere sacar a pasear, a presumir y quiere hablar de él. ¿Por qué, entonces, los cristianos que tenemos un Dios tan extraordinariamente maravilloso no lo sacamos a la luz, para que todo el mundo vea su eterno amor y grandeza? Es tiempo de hacer conciencia en este punto y empezar a hacer de nuestra alabanza una ocasión de presumir todo lo que Él es para nosotros.

Alabanza es guerra

En la guerra del Golfo Pérsico, el mundo conoció armas poderosas diseñadas por los hombres para la destrucción de sus enemigos. Casi parecían películas de ciencia ficción los videos tomados con cámaras pequeñas que iban incrustadas en las puntas de los misiles, retransmitiendo la señal a la base y permitiéndonos ver lo increíblemente que ha avanzado la ciencia moderna. Con asombro vio el mundo entero, muchos por primera vez, el ahora famoso misil *Patriot* que podía detectar la llegada de otro misil y antes de que éste diera con su destino, el *Patriot* lo interceptaba con 85% de eficacia.

La guerra que existe en el ámbito espiritual también tiene sus armas ultramodernas y poderosas. Pablo dice: «...porque las armas de nuestra milicia no son carnales, sino poderosas en Dios para la destrucción de fortalezas» (2 Corintios 10.4). Nuestra guerra no es carnal, así que nuestras armas tampoco lo son. Las personas que pregonan equivocadamente acerca de la teología de la liberación, lo hacen sin verdaderas bases bíblicas, ya que la Biblia nos habla claramente acerca de que nuestra guerra es en contra de principados y potestades, gobernadores de las tinieblas de este siglo, contra huestes espirituales de maldad en las regiones celestes (véase Efesios 6.12,13).

¿Para qué queremos usar armas como ametralladoras, cañones y rifles teniendo nosotros bombas atómicas espirituales como lo son: alabanza, adoración, oración, ayuno e intercesión utilizados en conjunto con la Palabra de Dios, la Sangre del Cordero y el Nombre de Jesús? Terry Law, en su libro *The Power of Praise and Worship* [El poder de la alabanza y la adoración], da una explicación excelente acerca de estas armas. El dice que como en todos los misiles y cohetes, la fuerza y el alcance del poder de ese misil realmente se encuentra en la ojiva del mismo. Si el cohete no lleva una ojiva atómica, entonces el cohete sólo va a causar un impacto regional y local cuando mucho, pero cuando el misil lleva la ojiva atómica, éste se convierte en un portador de desastre enorme, devastando ciudades enteras.

Law dice, que «el cohete» en este caso, es la alabanza. Este es sólo el portador de la ojiva peligrosa. El poder no está en el cohete, sino en la ojiva. Las ojivas atómicas son el nombre de Jesús, la Sangre del Cordero y la Palabra de Dios (Apocalipsis 12.11). Cuando unimos el misil de la alabanza con el poder y la fuerza que hay en el Nombre, la Sangre y la Palabra, entonces causamos un extraordinario daño al terreno del enemigo. Cuando la alabanza no tiene la ojiva atómica entonces sólo viene a ser música y canto común y corriente que tiene poca fuerza. Al cantar, hablar o declarar alabanzas al Señor, estamos haciendo saber a las fuerzas contrarias las verdades que se encuentran en la Palabra. Estamos apuntando misiles y bombardeando el reino de nuestro enemigo, recordándole que Jesús ya triunfó sobre él, y que podemos gozarnos en Su triunfo.

Fermín García en su coro «Majestuoso, Poderoso», nos invita a hacer declaraciones contundentes y poderosas a nuestro enemigo. «¡...proclamemos Su grandeza hoy. Jesucristo es Rey, Jesucristo es Rey. Postrados hoy ante Sus pies, Jesucristo es Rey!» Creo firmemente que cuando Satanás escucha esta declaración salir de la boca de cualquier creyente, él tiembla. Al decir «Jesucristo es Rey» estamos lanzando un poderoso misil al reino de las tinieblas y liberando a los cautivos que están bajo su control. No por el hecho de que el canto, en sí, tenga el poder, pues el canto es sólo el portador de lo que es más poderoso: la declaración de la Palabra de Dios que «Jesucristo es Rey».

Cuando Lucifer se encontraba aún en el cielo, algunos dicen que fue él quien dirigía la alabanza. Lo que sí sabemos con seguridad, es que estaba cerca del trono de Dios, porque se le llamaba el «querubín protector» (véase Ezequiel 28.14). Lo que entró en el pensamiento de Lucifer fue el querer ser igual a Dios y sentarse en el trono de Dios para que toda la adoración se dirigiera a él. Dios no comparte Su gloria con nadie y desde entonces fue echado de los cielos. Hasta la fecha, Satanás sigue tratando de pescar la alabanza y la adoración para él, haciendo cualquier cosa para que la gente se postre ante él. Aun ante el mismo Hijo de Dios, se mostró hambriento de recibir la adoración (véase Lucas 4.6,7). Así que, aunado al no darle la adoración, le ponemos un poco de «sal a la herida» a través de declarar a los cuatro vientos «Jesucristo es Rey», «Jesucristo es el Vencedor», «Jesucristo es el Señor», y otras declaraciones más como estas, que causan daños terribles al reino de las tinieblas, porque son declaraciones poderosas y acertadas acerca de la realidad de la verdad: Jesús-vencedor, Satanás-perdedor.

El Salmo 149.1-6 siempre me ha llamado la atención por su construcción extraña. Veámoslo unos momentos.

> Cantad a Jehová cántico nuevo; Su alabanza sea en la congregación de los santos. Alégrese Israel en su Hacedor; Los hijos de Sion se gocen en su Rey. Alaben su nombre con danza; con pandero y arpa a Él canten. Porque Jehová tiene contentamiento con su pueblo; hermoseará a los humildes con la salvación. Regocíjense los santos por su gloria, y canten aun sobre sus camas. Exalten a Dios con sus gargantas[...]

Vamos a detenernos por un segundo. Hasta

aquí, las cosas van bien. El salmo es un hermoso escrito invitándonos a exaltar al Señor expli-
cándonos algunos beneficios de la alabanza.
Hay palabras tan bonitas como lo son: «Alégre-
se», «... se gocen...», «Cantad», «Alaben», «Jehová tiene contentamiento» (éste es un beneficio
de alabanza), «Hermoseará...» (otro beneficio),
«Regocíjense», «Exalten» etc... Todas estas son
expresiones hermosas de lo que hay en el corazón del Salmista, y hasta este momento hemos
estado perdidos en estos pensamientos preciosos al estar leyendo su escrito.

De pronto, cambia de tono de voz, a la mi-
tad del verso 6. El Salmista ni espera terminar
el verso, para empezar otro de diferente manera, sino que se interrumpe a sí mismo porque
recuerda un aspecto poderoso de la alabanza:
¡guerra!

Y espada de dos filos en sus manos. Para
ejecutar venganza entre las naciones, y casti-
go entre los pueblos; para aprisionar a sus
reyes con grillos, y a sus nobles con cadenas
de hierro; para ejecutar con ellos el juicio de-
cretado; [De pronto cambia de nuevo] gloria
será ésto para todos sus santos. Aleluya.

No creo que al escribir de esta manera tan
diferente este Salmo era resultado de comer
muchas pizzas la noche anterior, sino creo firmemente que el escritor está mostrándonos una
verdad poderosa, que la alabanza causa un impacto en el reino de las tinieblas.

Efesios 6.12 dice que nuestra lucha no es con armas carnales, sino espirituales y una de esas armas, como lo hemos venido diciendo, es la alabanza. Cuando usted y yo levantamos nuestras manos en el santuario, estamos entrando en guerra contra Satanás, cuando cantamos y declaramos las verdades de la eterna Palabra de Dios, estamos enfrentando a las fuerzas de la mentira y la maldad con estas verdades. Cuando los sonidos de nuestros instrumentos se oyen en el reino de la oscuridad provocan un ataque directo a los principados y a las potestades. Fíjese en las palabras que usa el Salmista «... aprisionar a sus reyes...», ¿quiénes son reyes?, ¿no es cierto que son los «principados»?, «...nobles con cadenas de hierro...» ¿Quiénes son nobles? ¿No son «potestades»? Claro que sí. El sonido de la alabanza que sale de la boca y de los corazones de los redimidos del Señor trae destrucción al reino de nuestro enemigo. Aprisiona a los gobernantes de la obscuridad, ejecuta la venganza del Señor sobre los obradores de injusticia, y muchas otras cosas que con nuestros ojos naturales no podemos ver, pero con los espirituales sí. ¿No es cierto que un reino es una nación? Pues note el versículo: «[...] para ejecutar venganza entre las naciones[...] (el reino de Satán). No es una casualidad que este salmo fue escrito de esta manera, al contrario, es uno de los salmos más poderosos que nos demuestra la relación directa que

tiene la alabanza y la adoración con el hacer guerra espiritual.

Otro versículo bastante interesante se encuentra en Isaías 30.32

> Y cada golpe de la vara justiciera que
> asiente Jehová sobre él, será con panderos y
> arpas; y en batalla tumultuosa peleará contra
> ellos.

No dice que los golpes serán con bombas,
rifles, cañones y misiles naturales, ni cosa por
el estilo, sino que será con música, alabanza y
adoración a Dios, y en «batalla tumultuosa» pe-
leará el Señor contra ellos. Muchos ejemplos tenemos en la Biblia donde vemos que la
alabanza tiene un papel muy importante a desarrollar en la guerra: el rey Josafat cuando estuvo rodeado de sus enemigos (2 Crónicas
20.1-30 note especialmente el verso 22), Josué
en los muros de Jericó (Josué capítulo 6, note
versos 9,13,16).

En la próxima reunión donde usted se encuentre alabando al Señor, trate de recordar este principio, para que su alabanza pueda tomar
nueva perspectiva y enfoque. Dígase a sí mismo, «al estar cantando y alabando, entregando
mi corazón y mi vida al Señor, estoy trayendo
más derrota al reino de Satanás». Dése el gusto
de alabar con aún más intensidad para ver de-
rrotadas todas las obras de la maldad en el espíritu. Muy probablemente si recordáramos
esto, tendríamos más deseos de alabar que an-

tes, y lo haríamos con más entrega y propósito. Con razón al diablo no le caen bien los adoradores, y no quiere que hayan muchos, porque le están trayendo una gran destrucción.

Es por eso que la alabanza casi nunca es silenciosa. Cuando tenemos algo que festejar, alguien a quién presumir y una victoria que declarar, ¿por qué hacerlo en silencio? Declarémoslo al mundo entero. Levantemos la voz y hagamos alarde del hecho de que tenemos un gran Señor que «...sometió TODAS las cosas bajo Sus pies[...] (Efesios 1.22), y que nos ha regalado Su gran victoria.

Antes
DE SER UN
ADORADOR

ANTES de poder hablar de adoración, tendremos que hablar del corazón, ya que es lo que el Señor busca en nosotros más que cualquier otra cosa.

Proverbios dice: «Sobre toda cosa guardada, guarda tu corazón porque de él mana la vida» (4.23). El Nuevo Diccionario Bíblico dice lo siguiente con respecto al corazón: «El carácter, la personalidad, la voluntad y la mente, son términos modernos que reflejan algo del significado del término —corazón— en su uso bíblico». Al hablar del corazón no se está haciendo referencia al órgano físico que bombea sangre a través del cuerpo, sino que así como el corazón físico es el centro de la existencia natural, también el corazón espiritual es el centro de la existencia espiritual. Esta es la razón por la cual Proverbios dice: «[...] de él mana la vida». Sin el corazón no podemos vivir; por lo cual, así como cuidamos nuestro corazón físico, debemos cuidar nuestro corazón espiritual.

Es indispensable que permitamos que el Señor penetre hasta lo más profundo de nuestro ser para que no existan áreas de nuestra vida fuera de su control. El corazón es aquella área donde sólo nosotros sabemos lo que hay. Nadie puede adivinar lo que el hombre esconde en su corazón. Por fuera nos pueden estar demostrando algo, cuando por dentro pueden estar sintiendo totalmente lo contrario.

En la vida de todo verdadero adorador existe la necesidad de adorar en «verdad» (Juan 4.23), es decir, en total honestidad y transparencia. Hablaremos más acerca de esto, pero por ahora, permítame llevarle a un pasaje de la Palabra que me sirvió mucho para entender la importancia de tener un *corazón* correcto y en orden para adorar.

Ezequías restaura el templo
2 Crónicas 29

Tengo que hacer una confesión. Por muchos años pensé que la alabanza y la adoración eran sólo demostraciones físicas y exteriores de agradecimiento, emoción, alegría y gozo al Señor por todo lo que Él representa. A pesar de que son muy importantes estas demostraciones exteriores de alabanza, empecé a ver a través de su Palabra que a Él le interesa más mi corazón, y no necesariamente mi expresión de alabanza.

En muchos seminarios de alabanza y adoración leí los versículos 26 al 28 de 2 Crónicas 29 donde dice: «Y los levitas estaban con los instrumentos de David, y los sacerdotes con trompetas. Entonces mandó Ezequías sacrificar el holocausto en el altar; y cuando comenzó el holocausto, comenzó también el cántico de Jehová, con las trompetas y los instrumentos de David rey de Israel. Y toda la multitud adoraba, y los cantores cantaban, y los trompeteros sonaban las trompetas; todo esto duró hasta consumirse el holocausto».

Un buen día se me ocurrió leer el contexto de ese pasaje, para conocer el pedazo de historia en el que se insertaba aquel acontecimiento. ¡Gran sorpresa! El pasaje que siempre había leído tan apasionadamente en mis talleres, tenía un trasfondo con mucho más contenido que el considerado. Veamos desde el principio:

Ezequías fue un rey que hizo lo bueno ante los ojos del Señor (2 Crónicas 29.2). Sin embargo, Acaz, su padre, fue un hombre perverso que vivió lejos de Dios. En el capítulo 28 se nos dice que «anduvo en los caminos de los reyes de Israel», algo nada bueno, porque después de David, la mayoría de los reyes fueron perversos, perdidos y alejados de Dios. Además, «hizo imágenes fundidas a los baales», dioses extraños y ajenos.

Desde el abuelo de Ezequías se nota un detalle bastante interesante y esto es que hubo menosprecio hacia el templo o el santuario. El santuario es el lugar donde habita Dios. Hoy día, el Nuevo Testamento declara que Dios ya no habita en templos ni edificios hechos por hombres, sino en el corazón del hombre (véase 1 Corintios 3.16,17; 6.19). Jotam, el abuelo de Ezequías, «no entraba en el santuario de Jehová» (2 Crónicas 27.2). Dice la Biblia que todo lo demás lo hacía bien, pero que sólo este detalle le faltaba. Era el detalle que le faltó a Acaz. Creció en un ambiente donde nunca se asistió al templo (una falta de comunión con el Señor) y ésta fue la causa de que fuera un hombre alejado de Dios.

Aquí hay una lección muy importante que aprender. Cuando hay un descuido de nuestro «templo», o un menosprecio al mismo, corremos el gran riesgo de alejarnos del Señor. En el corazón de todo verdadero adorador está la necesidad, el anhelo, los insaciables deseos de estar en la casa del Señor. David dijo muchas cosas acerca de la casa de Jehová. Al leer algunas de ellas, nótese la pasión que tuvo al hablar de la casa de Dios. Permita que el fuego que quemaba en el corazón de David, queme en el suyo al hablar de la casa de Dios. Recuerde que el «santuario» es cualquier lugar donde se tenga un encuentro con Dios. Puede o no ser un edificio, una iglesia o un templo literal, pero en el sentido neotestamentario se refiere más a tener un encuentro con Dios. Sin embago, escuche esto:

> Una cosa he demandado de Jehová, ésta buscaré; que esté yo en la casa de Jehová todos los días de mi vida. Para contemplar la hermosura de Jehová, y para inquirir en su templo.
>
> Salmo 27.4

> [...] Y en la casa de Jehová moraré por largos días.
>
> Salmo 23.6

Porque me consumió el celo de tu casa; y los denuestos de los que te vituperaban cayeron sobre mí.

Salmo 69.9

Porque mejor es un día en tus atrios que mil fuera de ellos. Escogería antes estar a la puerta de la casa de mi Dios, que habitar en las moradas de maldad.

Salmo 84.10

Yo me alegré con los que me decían: a la casa de Jehová iremos.

Salmo 122.1

El justo florecerá como la palmera; crecerá como cedro en el Líbano. Plantados en la casa de Jehová, en los atrios de nuestro Dios florecerán.

Salmo 92.12,13

Jehová, la habitación de tu casa he amado, y el lugar de la morada de tu gloria.

Salmo 26.8

Bienaventurado el que tú escogieres y atrajeres a ti, para que habite en tus atrios; seremos saciados del bien de tu casa, de tu santo templo.

Salmo 65.4

Bienaventurados los que habitan en tu casa; perpetuamente te alabarán.

Salmo 84.4

Todos tenemos amigos en cuya compañía disfrutamos momentos gratos. Mi esposa y yo tenemos el privilegio de contar entre nuestros más íntimos amigos con una pareja que tiene cuatro hijos. Entre los cuatro suyos y los tres nuestros, hacemos un pequeño y ruidoso ejército. Visitar su casa es un deleite por varias razones: 1) Es una casa «a prueba de niños». Los que tienen hijos saben exactamente de lo que hablo. En cambio, cuando visitamos la de algún familiar, amigo o conocido donde todos sus hijos están crecidos, casados o viven fuera, estas viviendas están llenas de un sinfín de adornos finos, elegantes, costosos y casi siempre muy frágiles. Durante toda la visita a casa de nuestros amigos andamos detrás de los niños diciéndoles: «No toques eso. Deja aquello. No, no te metas ahí... Ay, aléjate de eso en este mismo instante... Si no sueltas eso ahorita mismo, te voy a llevar al baño y a ver cómo te va a ir... hijito... amorcito... por favor suelta ese gato que lo vas a matar...» Y todo esto no es una experiencia muy agradable. Por eso, al visitar hogares «a prueba de niños» es como un sueño, porque los adultos nos la podemos pasar platicando las horas, al saber que no hay nada en la casa que se rompa o algún lugar en el que no queremos que se metan nuestros hijos. 2) Porque tienen cantidad de juguetes y cosas para entretener a los niños y pasen horas jugando juntos. 3) Porque somos grandes amigos y tenemos tantas cosas en común, que nos llevan a unas ricas y deliciosas conversaciones que duran horas enteras. A veces nos dan las tres o cuatro de la mañana y nosotros seguimos resolviendo los problemas del mundo.

Cuando les decimos a nuestros hijos que vamos a ir a visitar a nuestros amigos, se gozan de sólo pensarlo, y nosotros también. Cuando pensamos que vamos a tener un encuentro con Dios, esto debería ser motivo de gran gozo. Un cristiano que piensa que «tiene» que pasar tiempo con Dios, como si fuera una pesada y terrible obligación que hay que «cumplir» para seguir siendo cristiano, es obvio que ha perdido la pasión por la casa del Señor. Debemos de gozarnos en el solo pensamiento de que es un privilegio estar con Él.

Acaz no solamente no iba al santuario, sino que además no creía en él. Lo desechó, ultrajó y despojó de toda su hermosura y de sus utensilios, a cambio del favor que pensó iba a recibir de sus supuestos aliados (que por cierto no le salió como había pensado). Luego de cerrar la casa de Jehová, Acaz tuvo una maravillosa idea: «Vamos a poner altares en todos lados», se dijo, «para que la gente pueda adorar a sus respectivos dioses con mayor conveniencia y comodidad» (véase 2 Crónicas 28.24). Es notorio que era un hombre sin disciplina, ya que nunca lo habían educado a «ir» a la casa de Jehová.

En la vida de un adorador tiene que haber la disciplina de «ir» a la casa del Señor. Es indispensable que nos tomemos el tiempo y la «molestia» (aunque decirlo así no es la forma más adecuada, aunque se pueda entender mejor la idea) de buscar el rostro del Señor. Existe una importancia grande en el ser disciplinados en buscar al Señor. Esto incluye el congregarnos en los lugares de reunión donde el Señor nos ha puesto. El escritor de Hebreos lo dice claramente: «... no dejando de congregarnos, como algunos tienen por costumbre, sino exhortándonos; y tanto más, cuanto veis que aquel día se acerca» (Hebreos 10.25). Es cierto que el templo no es sólo el lugar donde nos reunimos cada semana, sino que nosotros mismos somos el templo, pero es necesario juntarnos como cuerpo para animarnos, aprender, tener tiempo juntos con el Señor, y permitir que en esa asamblea corporativa, Él nos hable dándonos dirección, consuelo y tantas cosas más que necesitamos como humanos.

Muchas personas dicen: «no tenemos necesidad de ir a la reunión con los demás. Nosotros nos reunimos aquí en nuestra casa, y nos encontramos con el Señor». Creo que ésas han perdido el enfoque principal de lo que es la reunión del Cuerpo. Dice el Señor que Él está edificando una morada de Dios en el Espíritu (véase Efesios 2.19-22). La reunión del Cuerpo debe ser una expresión en conjunto de lo que experimentamos individualmente. Es decir, como nos reunimos con el Señor en nuestras casas a solas con Él, también es importante juntarnos con los otros miembros del mismo Cuerpo local donde el Señor nos ha colocado. Debe dar gusto el unirnos como Cuerpo cuantas veces podamos, porque sabemos que somos parte de la misma familia de Dios.

Regresando a nuestra historia en 2 Crónicas 29, cuando Ezequías toma el trono, su padre había desecho de tal manera el templo, que hasta de bodega lo estaban usando. Es interesante notar que una de las primeras cosas que hace Ezequías es darle atención al templo. Me recuerda a otro de sus antepasados que sintió que no podía gobernar sin tener el arca de la presencia de Dios en su medio: el rey David.

Cuando David llegó a ser rey de Israel una de las primeras cosas que hizo fue buscar el arca de la presencia de Dios. Por mucho tiempo, bajo el reinado de Saúl, el arca había estado en posesión de los filisteos y a Saúl aparentemente no le interesaba tanto el rescatarla por lo que se quedó ahí. David, sin embargo, sabía que sin la presencia del Señor en medio de su pueblo, no había protección, guía ni dirección; por lo tanto, lo más pronto posible se dio a la tarea de volver a traer el arca al campamento de Israel. Esto nos da a entender un poco el amor que le tiene David a la presencia de Dios, el reconocimiento de que sin el Señor, nada somos y nada podemos hacer. Ezequías igualmente reconoce la importancia de tener a Dios en el centro de sus actividades y por lo tanto, inmediatamente lo vemos reparando la casa de Dios.

Las puertas

Lo primero que se arregla es la puerta de

entrada, la parte expuesta a la calle, lo superficial, lo que todo mundo fácilmente ve. Esto es indicativo de una obra inicial. Muchas personas cuando vienen a Cristo, permiten que el Señor trate con los problemas obvios y destacados que hay en sus vidas. El Espíritu Santo convence de pecado, y bajo esa convicción, uno por uno empiezan a abandonar los pecados en los que vivían. El adúltero se arrepiente y comienza a vivir en fidelidad. El borracho deja de tomar. El malhablado deja de proferir maldiciones. En fin, todas aquellas cosas que fácilmente se detectan en la vida de quien no ha tenido una conciencia plena de Dios en su vida. Permitimos que el Señor nos dé una pintadita, una arregladita, una desempolvadita, una nueva chapa, nuevas bisagras y todo lo que está por fuera, pero nada más.

Aquí entra en juego un peligro que vemos en muchos cristianos: El *aprender* a hacer las cosas sin saber por qué las hacen. Si no instruimos a los nuevos que entran en Cristo a desarrollar una relación personal e íntima con el Señor, en muchos de los casos resultará que nos van a mirar a nosotros y como tenemos más tiempo dentro del grupo cristiano, lógicamente razonarán que de la manera como hacemos las cosas, es como se deben hacer. Equivocadamente, en muchas ocasiones hemos enseñado a la gente más acerca de la «sub-cultura» cristiana, que sobre cómo tener una relación personal e íntima con Jesucristo. Les decimos cómo deben hablar. Se dice: «Dios te bendiga». Respuesta: «Amén», o como acostumbran en algunos círculos: «La paz de Cristo», «Amén». Cuando el predicador dice algo que nos emociona, debemos gritar: «Sí, amén, gloria a Dios, aleluya». Puede o no haber sido algo bíblico lo que dijo, pero sólo por el hecho de decirlo de una manera emotiva y entusiasta, tenemos motivo para responder. Nuestro vocabulario cambia: en lugar de decir «reunión» decimos «culto», palabra muy bíblica por cierto, pero que a la mayoría de la gente, no cristianizada, la hace pensar en «cultos satánicos» porque a ellos mayormente se relaciona esta palabra, secularmente hablando. Les enseñamos cómo vestirse, cómo peinarse, y un sinfín de otras cosas que deben cumplir para poder «pertenecer» a nuestra querida y protegida «sub-cultura» cristiana, y a casi todos les parece bien, porque estamos acostumbrados a que se nos diga cómo hacer las cosas. La mayoría de la gente no quiere pensar por sí sola, y es por eso que las religiones y los grupos que dictan a la gente qué hacer, qué no hacer, a dónde ir, a dónde no ir y todas esas cosas, suelen ser lugares bastante concurridos. La gente busca liderazgo y no falta quien se los dé.

No menosprecio el hecho de que un cristiano debe parecer diferente a los demás porque quiere semejarse a Cristo, sólo que nos han enseñado tantas otras cosas sin mostrarnos la necesidad que tenemos cada cual, como individuos, de conocer la realidad de Jesús en nuestras vidas. No nos detengamos en las puertas. Permitamos que el Señor termine la obra que ha comenzado en nosotros y que la perfeccione (véase Filipenses 1.6). Todos conocemos personas que por fuera parecen la pura verdad, pero sus vidas reflejan totalmente otra cosa. Me puedo imaginar que cuando la gente pasaba por la calle frente al templo, ha de haber hecho el comentario: «¿Viste? Han reparado el templo», porque efectivamente desde ese punto de vista, sólo se podía observar lo que había por fuera. Les bastaba con echar un vistazo a la parte de adentro, para darse cuenta que el templo estaba lejos de ser reparado. Aun estaba en ruinas, con todo y que la fachada estaba preciosa. Creo que esto es a lo que se refiere el Señor cuando en una ocasión dijo: «[...] el hombre mira lo que está delante de sus ojos, pero Jehová mira el corazón» (1 Samuel 16.7).

Por alguna razón, Ezequías conoció la importancia de la casa de Jehová. Él dice en los versículos 6 al 9 de 2 Crónicas 29: «Porque nuestros padres se han rebelado, y han hecho lo malo ante los ojos de Jehová nuestro Dios; porque le dejaron, y apartaron sus rostros del tabernáculo de Jehová, y le volvieron las espaldas. Y aun cerraron las puertas del pórtico, y apagaron las lámparas; no quemaron incienso, ni sacrificaron holocausto en el santuario al Dios de Israel. Por tanto, la ira de Jehová ha venido[...] y los ha entregado a turbación, a execración y a escarnio, como veis vosotros con vuestros ojos. Y he aquí nuestros padres han caído a espada, y nuestros hijos, nuestras hijas y nuestras mujeres fueron llevados cautivos por esto».

No tan solo reconoce la importancia del santuario, la relación con Dios, el quemar incienso, que representa las oraciones, alabanza y adoración (todo lo que sube ante Dios), sino que relaciona directamente con el descuido del templo el hecho de estar en esclavitud, escarnio y execración. ¿No es verdad que las personas que no tienen una relación continua con Dios se encuentran en esclavitud? ¿No se ha fijado que cuando dejamos de quemar los inciensos de alabanza y adoración, oración y ayuno, empezamos a experimentar estorbo en nuestra vida cristiana? De alguna manera Ezequías entendía que lo que les estaba pasando como nación tenía relación directa con el hecho de que habían abandonado a Dios, y se propuso hacer algo al respecto. Tome nota de que les habló a los sacerdotes y levitas, los ministros de aquel día, *después* de haber reparado las puertas. Él entendía que debía ir mucho más lejos que arreglar lo exterior. Debía hacer una limpieza profunda por dentro.

Me gusta el lenguaje que utiliza el rey en 2 de Crónicas 29.10: «[...] he determinado hacer pacto con Jehová[...]» Se lo propuso. Le dio la importancia necesaria a este asunto. No iba a permitir pasar un día más sin tener arreglado este problema. Algo que necesitamos en estos tiempos es determinación para hacer las cosas. Basta con la indecisión que vemos en las vidas de muchos de los sacerdotes y levitas que hoy día ministran. Es tiempo de ponernos a arreglar lo que está mal en nuestra vida, poner orden, reparar y limpiar profundamente nuestro templo, para que se aparte de nosotros el ardor de la ira del Señor (véase versículo 10). Los que estamos en el liderazgo espiritual debemos ser personas determinadas. Localizar el problema y tomar medidas drásticas e inmediatas para resolverlo. Esto es lo que hizo el rey Ezequías.

«Dentro»

Las palabras del rey conmovieron a los sacerdotes quienes hicieron una gran convocatoria a todos sus hermanos y se prepararon para entrar a la casa del Señor para limpiarla (véase versículo 15). Hay una palabrita pequeña en el versículo 16 que me llama la atención: «dentro».

> [...] Y entrando los sacerdotes *dentro* de la casa de Jehová para limpiarla, sacaron toda la inmundicia que hallaron en el templo de Jehová, al atrio[...] y de allí[...] la llevaron fuera[...] (cursiva del autor).

Esta palabra implica que se metieron hasta el rincón más escondido. No dejaron ningún lugar descubierto. En inglés lo tradujeron: «Hasta la parte de más adentro». Esto nos regresa al asunto del corazón. ¿Cuáles son las cosas que están en nuestro corazón? ¿Qué es lo que hemos estado «almacenando» ahí? Habrá algún área de nuestra vida que no le hemos entregado en su totalidad al Señor?

Nadie nos conoce mejor que nosotros mismos, con excepción del Señor. A mucha gente le ocultamos nuestras cosas. Aun a las personas que están más cerca les podemos esconder nuestros sentimientos, pensamientos, deseos, actitudes y tantas cosas más, pero para nosotros mismos todo es claro, y para Dios también. Al pecador no se le tiene que decir que es pecador; él bien lo sabe. Al cristiano carnal no hay que decirle que lo es porque también él lo sabe (a menos que esté sumamente engañado). La verdad es que no nos «cae bien» que nos digan nuestras verdades, cuando alguien por ahí las descubre. La humanidad ha llegado a ser experta en disfraces, máscaras y fachadas para aparentar algo que no es, y desgraciadamente, muchos cristianos también lo hacen. Es por eso que el verdadero adorador debe siempre hacerse las preguntas que duelen: «¿Qué hay en mi corazón?, ¿cuáles son mis motivaciones al hacer esto?, ¿cuáles son las áreas que necesito que el Señor limpie en mi vida?», y cualquier otra pregunta que nos lleve a la reflexión de nuestra condición *real*, no supuesta. Por ejemplo, yo le pregunto: ¿Qué es lo que usted piensa al quedarse solo? Cuando todos han regresado a su casa, y usted ya no se encuentra en el mundo protegido y cómodo de las cuatro paredes de su iglesia o congregación, ¿cuáles son las cosas que pasan por su mente cuando está a solas en su recámara, aun después de que toda su familia se ha acostado? Las respuestas a estas preguntas nos darán la pauta de cómo se encuentra en realidad nuestro corazón. Necesitamos permitir que el Señor penetre hasta «dentro» de nuestro templo y sacar toda «la inmundicia».

Un dato interesante es que primero sacaron la inmundicia «al patio» y luego fuera de la ciudad. Es de imaginar que después de reparar las puertas, la gente que pasaba por allí no podía creer lo que había habido adentro. Toda la inmundicia de la casa estaba expuesta a la mirada de todo el mundo, ¡en el patio del templo! Si durante el tiempo de Jotam y Acaz los sacerdotes hubiesen hecho su trabajo normalmente, y hubiesen sacado la basura todos los días, nunca hubiera habido necesidad de que la inmundicia se exhibiera en el patio para que todos la vieran. Pero como no lo hicieron, todo el mundo tuvo que verla y de seguro que no fue algo muy agradable.

Cuando nosotros mantenemos nuestra relación diaria con el Señor y no permitimos que se «acumule» la basura, sino que diariamente la llevamos al «torrente» de la palabra (su palabra es agua que limpia según Efesios 5.26), no habrá necesidad de que nuestra inmundicia sea exhibida delante de todo mundo. Pero cuando llevamos años sin permitir el proceso purificador del Señor en nuestras vidas, llegará un momento, muy probablemente, donde todo será expuesto. Y ese será un momento de gran vergüenza. Permitamos que el Señor trate con nosotros día a día para no traer vergüenza a la casa y al pueblo por nuestra rebelión.

Diariamente, hágase las preguntas que se mencionan anteriormente, y aún más, escudriñe su corazón. Asegúrese de que está limpio y puro delante de Él.

Aquí vale la pena referirse al asunto de las motivaciones, en personas que se encuentran en el «servicio» de la casa: líderes, pastores, evangelistas, maestros, directores de alabanza, músicos, y todos aquellos que nos encontramos de alguna manera involucrados en la obra del Señor. ¿Cuáles son las cosas que nos motivan a estar en el ministerio? Esta es una pregunta que constantemente deberíamos preguntarnos. ¿Estamos porque tenemos deseos de ser vistos? ¿Estamos porque tenemos una necesidad incorrecta de ejercer autoridad sobre otros? ¿Habrá en nuestro corazón la motivación de obtener ganancias monetarias al estar en el ministerio? ¿Habrá un espíritu de exhibicionismo, donde quisiéramos poner a la luz todos nuestros grandes talentos y habilidades? Si la respuesta a cualquiera de estas preguntas es «sí», entonces hay una enorme necesidad de que se entre «dentro» para limpiar nuestra casa. Más vale que permitamos que el Espíritu Santo lo haga para que nuestra inmundicia no sea expuesta al mundo entero, algún triste día. No deje de hacerse toda clase de preguntas. Hagamos una lista de todas las preguntas que nos podamos imaginar, para que no erremos con los propósitos verdaderos del porqué nos encontramos en el ministerio. Escuchemos también las preguntas que nos hacen las personas que nos rodean y que nos aman. Como por ejemplo nuestros cónyuges, pastores y líderes, personas que han invertido tiempo, lágrimas, consejo y apoyo en nuestro ministerio. Es importante que cada cristiano, especialmente los que estamos en el ministerio, cuente con alguien que pueda escucharle y de quien pueda recibir consejo y dirección. Cuando nos critican las personas que nos aman, hay que escucharlas, porque es probable que a través de ellas, vamos a toparnos con algo que teníamos oculto en nuestro corazón.

En ocasiones cuando esperamos visitas en nuestra casa, hacemos todos los preparativos para poderles recibir como se lo merecen. Conocemos de muchos, y por qué no decirlo, también nosotros lo hemos hecho en alguna ocasión, que cerramos los cuartos en la casa donde no queremos que entre nadie, porque hay desorden. «Disculpe el desorden» y «cierre los ojos» son frases que empleamos con mucha pena a veces cuando alguien nos ha sorprendido y no nos ha dado la oportunidad de ocultarle la realidad, pero cuando hemos estado listos, con mucha prisa tiramos todo a una recámara y decimos: «Después limpio esta, cuando se vaya la visita». Hacemos cualquier cosa para evitar que nuestros invitados entren a esa recámara. De la misma manera, en muchas ocasiones le hemos dicho al Señor: «Toma el con-

trol de mi vida. Te doy las llaves de todas las
áreas de mi corazón», y a sus espaldas guardamos aquella llavecita chiquita que abre la puerta de la recámara en desorden y el Señor,
tomándonos la palabra, comienza una inspec-
ción en todas esas áreas. Le decimos:

—Señor, aquí está la sala.

Y Él dice:

—Quiero entrar a ese cuarto.

Y le respondemos:

—Señor, mira esta otra recámara, con su cama *king size*, alfombrada y todos los lujos que
te puedas imaginar, quédate aquí, Señor.

Pero Él insiste:

—Quiero ver ese cuarto.

Nosotros:

—Pero Señor, ¿no te interesa ver mi preciosa
cocina integral, la madera es de fina caoba, con
una estufa de las más modernas y hasta tiene
micro?

Pero el Señor vuelve a decir:

—Quiero entrar a ese lugar.

—Pero Señor, te he entregado todas las llaves, ¿por qué no entras a cualquier otro cuarto?

Pero como al Señor no se le puede esconder
nada, al fin dice:

—Y la llave que aún tienes en tu mano y
que no me quieres dar, ¿qué vamos a hacer
con ella?

En ese momento es tiempo de rendirnos y
permitirle entrar aun a esa recámara que no

está muy ordenada en nuestra vida. Valdrá la pena, porque Él no tan solo nos va ayudar a limpiarla, sino que nos va a dar las fuerzas («gracia») para mantenerla limpia por el resto de nuestra vida. No le ocultemos nada al Señor. Dejemos siempre que Él tenga las llaves de *todas* las áreas de «dentro», para que su obra purificadora siempre nos mantenga en óptimas condiciones para servirle y ser útiles a Él y a su Cuerpo.

Otra cosa interesante es ver la cantidad de tiempo que dedicaron al esfuerzo de limpiar la casa. Dice el versículo 17: «Comenzaron[...] el día primero del mes primero[...] y en el día dieciséis del mes primero terminaron». ¡Dieciséis días! No fue de la noche a la mañana, sino que se tomó su tiempo. Cuando hemos caído en inmundicia, es verdad que tenemos la gracia de Dios para levantarnos, pero no debe ser un proceso simplificado, sino que debe haber verdadero arrepentimiento y no tan solo una oración «curita» (bandita) de 5 minutos y «colorín colorado». Necesitamos ir a la presencia del Señor contritos y humillados (véase Salmo 51.17) y tomarnos el tiempo necesario para que Él arranque de raíz de nuestras vidas la inmundicia que ha reinado ahí por tanto tiempo. Hay que darle la oportunidad para que trate con las raíces del problema, porque si arrancamos sólo lo de la superficie, entonces volverá a nacer en nuestras vidas el mismo pecado. Tratándose de nuestro corazón, nunca será suficiente el tiempo que pasemos permitiendo que el Señor nos lo «guarde» (Proverbios 4.23).

«¡Terminamos!... ¿No?»

Los sacerdotes vinieron a Ezequías para informarle que habían terminado de limpiar tanto la casa como todos sus utensilios. De seguro, esperaban que el rey les felicitara y les agradeciera por la maravillosa obra que acababan de hacer. Pero no. En lugar de eso, Ezequías reconoció lo que hemos tratado en todo este capítulo: hay un asunto de mucho más fondo en todo esto. ¿Cómo es que el pueblo llegó a utilizar la casa del Señor como bodega? y ¿cómo se les hizo tan fácil profanar la morada de Dios? Él entendía que la razón se encontraba en algo más profundo. Se encontraba en el corazón del pueblo. Su corazón se había alejado de Dios. Ahora no era tiempo de festejos... por lo menos, todavía. Había llegado el tiempo de arrepentirse y de pedir perdón por haber caído a esos niveles tan profundos de pecado.

Es admirable el valor de este rey. Su entrega para hacer las cosas como deben ser hechas es una característica admirable en él. No estaba pronto a la celebración, sin antes reparar el daño que existía. Es admirable también que él haya guiado al pueblo en todo este proceso. Muchos líderes quieren que otros hagan ese trabajo difícil, en lugar de tomar ellos mismos las riendas y ser los primeros en reconocer su error, pecado y alejamiento de Dios. Algunos tenemos el falso concepto de que como líderes no debemos permitir que el pueblo nos vea humillados, porque «tal vez perdamos autoridad». Al contrario, cuando el pueblo vio al líder humillado, esto les hizo preguntarse si ellos también estarían mal. Recordemos la forma en que Jesús nos guió, humillándose hasta la cruz, tomando forma de siervo (véase Filipenses 2.5-8). Ezequías sabía que si el pueblo no veía un ejemplo por parte de él, iba a ser difícil que ellos se humillaran. Tampoco creo que Ezequías lo haya hecho sólo para dar ejemplo, sino que vemos una verdadera convicción en lo que él hizo.

En el versículo 21 empiezan los sacrificios. La ofrenda que ofrecen es de expiación. Con esto, el pueblo reconoce:

«Hemos pecado, necesitamos el perdón de Dios». Ezequías sabía la importancia de reconocer que lo sucedido no era sólo como consecuencia del paso del tiempo, sino que el pueblo se había alejado de Dios, y esto requería de arrepentimiento. Para poder mantener siempre limpia nuestra casa, necesitamos vivir una vida de constante arrepentimiento delante del Señor y no dar las cosas por hechas, sino reconocer que servimos a un gran Dios, temible, celoso y justo, que está siempre buscando que las cosas relacionadas con Él se hagan con justicia y rectitud.

El holocausto lo quemaban hasta que quedaba sólo la ceniza. Después de terminar la ofrenda, el animal sacrificado quedaba irreconocible.

Lo único que quedaba sobre el altar eran las cenizas de algo que había sido, pero que ya no era. Del mismo modo, nosotros debemos vivir nuestras vidas sobre el altar en un constante estado de arrepentimiento. Dejar que el fuego consumidor de Dios queme toda la paja, hojarasca y basura que haya en nuestras vidas, al grado que no quede nada de nosotros. Necesitamos perder toda nuestra personalidad (en el sentido de nuestra carne) y permitir que la personalidad de Cristo brille en nuestras vidas. Es importante que vivamos sobre el altar. Diariamente pedirle al Señor que Él consuma todas aquellas motivaciones, pensamientos y deseos que son contrarios a su voluntad, propósito y diseño. Nuestras vidas deberían parecer ceniza fina, sin carácter propio, ni personalidad más que la de Cristo, y esto sólo puede suceder cuando permitimos que el Señor nos ponga sobre el altar.

Recuerdo que de joven cantábamos un canto que decía «manda el fuego Señor, manda el fuego». Lo cantábamos con sinceridad, pero el enfoque principal de ese coro estaba mal. Era uno más de tantos cánticos egoístas que cantábamos, pidiéndole algo más al Señor. «Queremos avivamiento, dame esto, dame aquello». Una noche que dirigí la alabanza en nuestra pequeña congregación en la Labor de Guadalupe, terminando la reunión, mi madre me dijo:

—¿Por qué siempre cantas «Manda fuego»?

Yo le contesté:

—Pues, porque nos gusta a los jóvenes.

Y ella me respondió:

—¿Sabes que el fuego del Señor quema? Es cierto que el fuego también representa avivamiento, pero recuerda que para que el avivamiento venga, el Señor tiene que quemar todo el pecado que hay en nuestras vidas, así que si vas a cantar ese cántico, hazlo con el conocimiento de que le estás pidiendo al Señor que te queme, y no te sorprendas si lo hace.

Nunca olvidé esas palabras; es más, recuerdo que desde ese día, cuando me tocaba dirigir ya casi no lo cantaba.

Ahora sí, la fiesta

Fue hasta después de todo esto que el pueblo entró en la celebración y comenzó la música. Antes había leído sólo el pasaje donde empieza la música y alabanza, sin haber entendido que eso fue como un *resultado* de todo lo anteriormente sucedido. Es imposible poder entrar libremente en alabanza y adoración, sin antes haber tenido un encuentro real con Dios.

Para poder ser un verdadero adorador tenemos que arreglar primero el asunto del corazón y después con toda libertad podremos adorarle.

Vemos que Ezequías sigue siendo el líder de la alabanza. Él se postra, manda que comiencen a tocar los instrumentos, etc. El cuadro, de aquí en adelante, cambia dramáticamente. Ahora hay regocijo, gozo, alegría, celebración y también adoración. Después que Dios haga todo lo que tiene que hacer en nuestro corazón, podemos entrar a la festividad con todo nuestro ser. El último verso de este capítulo dice: «Y se alegró Ezequías con todo el pueblo[...]» (véase 2 Crónicas 29.36). Cuando el corazón está arreglado, cuando se ha entrado «dentro» cuando hemos pedido y recibido perdón, las cosas están preparadas para una verdadera fiesta. Esto no se puede fingir, sino que sale del interior limpio, puro y justificado del hombre o de la mujer que se ha tomado el tiempo de humillarse delante de Dios y arreglar su corazón. Después de entender este capítulo de la Biblia, me di cuenta que la verdadera adoración sale como *resultado* de haber tenido un encuentro con Dios. En otras palabras, es una expresión exterior de algo que ha sucedido interiormente. Pero, si no se han arreglado las cosas del interior, será imposible ofrecer una adoración pura y limpia delante del Señor. Puede ser una adoración fingida o aprendida, pero a esto la Biblia lo llama «fuego extraño» delante de Dios, porque no viene de un corazón puro y limpio (Levítico 10.1,2).

No permitamos que nuestro orgullo, conocimiento, experiencia, o cualquier otra cosa, se interpongan para humillarnos ante Dios, reconociendo que lo necesitamos cada día más, con su fuego abrasador y purificador para limpiarnos de todas las cosas que crean «inmundicia» dentro de nuestro templo. Asegurémonos de tener bien guardado nuestro corazón para que de esta manera podamos llegar a ser verdaderos adoradores.

ADORACIÓN

La adoración es la joya perdida en el evangelicalismo moderno. Estamos organizados, trabajamos, tenemos nuestras agencias. Poseemos casi todo, pero hay una cosa que las iglesias, aun las iglesias del evangelio no tienen; esa es la habilidad para adorar. No estamos cultivando el arte de la adoración. Es la gema brillante perdida en la iglesia moderna, y yo creo que debemos buscarla hasta encontrarla.

A.W. Tozer

Si hay algo que le cuesta al hombre y a la mujer modernos es la adoración. Para muchos, la alabanza es algo más fácil, porque en casi todos está el deseo de celebrar. Especialmente los que somos de la cultura y sociedad latina. Siempre que uno viaja alrededor del mundo sabe dónde hay un latino por el ambiente de fiesta que le rodea.

En cierta ocasión me subí a un avión en Bombay, India, y en la parte de atrás se escuchaba un escándalo de varias personas hablando en voz fuerte y alegre. No fue sorpresa descubrir que se trataba de un grupo de alegres latinos, puertorriqueños para ser más exacto, que regresaban a casa. No tardamos ni media hora en saber los nombres de todos, sus historias personales, los nombres de los hijos y cualquier otro detalle de interés. Los latinos tenemos ambiente, somos cálidos, hospitalarios, dinámicos y entusiastas.

Todas éstas son características muy buenas para la alabanza, pero no nos ayudan a disciplinarnos para ser adoradores. Seguro que hemos tenido vecinos fiesteros, ¿verdad? ¡Cuántas veces no hemos permanecido despiertos hasta las tres de la mañana escuchando la música de la fiesta en la casa de al lado para celebrar el santo o el cumpleaños del cuñado de la prima de la mamá de un tío que está de visita! ¡Y cuántas ganas no hemos tenido de ir a desconectarles el cable que lleva la corriente eléctrica a esos aparatos que están causando conmoción en todo el vecindario! Luego empiezan los balazos... los perros comienzan a ladrar... y gracias al festejo nadie en el barrio, a cinco cuadras a la redonda, puede pegar un ojo.

Los mexicanos somos especialmente bullangueros. Usamos cualquier excusa para tener una buena fiesta. Puede celebrarse el Día del Albañil, y a pesar de que no somos albañiles, ni nadie de la familia lo es, tenemos ganas de festejar. ¡Ah!, pues la casa está hecha de ladrillos y algún albañil la tuvo que haber construido... ¡carne asada! Invitamos a toda la familia, a dos o tres vecinos y... listo.

En Juan 4, Jesucristo tiene un encuentro con una mujer de Samaria. En toda su plática, Jesús la confronta con el asunto de la adoración. Al principio ella lo trata de desviar hablándole de las diferencias raciales. Jesús no se distrae y le habla de adoración y de agua viva. Ella piensa que habla de agua física y le dice que le dé para no tener que venir al pozo a sacarla. Jesús sigue enfocado en la adoración. La mujer hasta le empieza a hablar acerca del pozo, su origen, quién se los regaló, a quiénes les dio de beber, etc. pero Jesús le sigue hablando de adoración. Cuando el Señor le confronta con el asunto de sus maridos, ella, de nuevo, lo trata de distraer con preguntas acerca de lo profético y religioso. Jesús la regresa al meollo de todo el asunto que desde el comienzo de la charla le está tratando de comunicar: adoración.

Esta es una escena típica de las personas de hoy en día. Si los tratas de confrontar con su relación con Dios, unos te van a querer hablar de los problemas raciales, o de lo que sacan casi todos los latinos, «la tradición y religión que nuestros padres nos inculcaron». Otros te querrán hablar de sus necesidades físicas y de sus carencias, mientras otros discuten sobre profecía bíblica o diferencias doctrinales y denominacionales. Jesús nos sigue regresando al tema: ¡El Padre busca verdaderos adoradores! Como dice el dicho: «¿Por qué tanto andar entre las ramas estando tan grande el tronco?» Jesús llega al grano. Él quiere saber una cosa: ¿Serás un verdadero adorador o eres como los samaritanos que «adoran lo que no saben»? (Juan 4.22).

> Mas la hora viene, y ahora es, cuando los verdaderos adoradores adorarán al Padre en espíritu y en verdad; porque también el Padre tales adoradores busca que le adoren. Dios es Espíritu; y los que le adoran, en espíritu y en verdad es necesario que adoren.
> Juan 4.23,24

En este pasaje hay cosas interesantes. Quisiera tomarlas individualmente.

Verdaderos adoradores

Debe llamarnos la atención el hecho de que el Padre no está buscando «alabadores». Creo que existen muchos de ellos por todos lados. La alabanza, por su naturaleza festiva y alegre, ayuda a que las personas se hagan alabadores con mucha más rapidez. La alabanza no tiene el mismo compromiso que la adoración, como veremos a continuación. Lo que el Padre *busca*, lo que hace falta, lo que el Padre desea y anhela, son adoradores.

De igual importancia sería hacer notar que no busca «adoración» sino «adoradores», personas comprometidas, entregadas y dedicadas a rendirle adoración. Tenemos que recordar que la razón por la cual Dios nos creó fue para que tuviésemos comunión con Él. Quiere relación con alguien que tenga la libre voluntad de *desear* estar con Él. Nunca ha forzado a nadie a estar con Él, ni lo hará, porque lo que el Padre desea es que nosotros tomemos esa decisión de estar con Él porque así lo queremos y lo deseamos. En el sentimiento básico y elemental del hombre, está el deseo de que alguien quiera estar con uno pero si sabemos que ha sido forzado a estar con nosotros y no quiere estar ahí no nos sentimos cómodos, la plática es tensa y forzada, la conversación tiende a ser muy distraída y nada fluida. En muchas ocasiones me ha tocado compartir el evangelio en algún concierto, desayuno, cena o cualquier otro tipo de evento organizado para invitar a la gente a conocer a Cristo. Casi en todos ellos hay algunas personas que las trajeron a la fuerza, no porque eligieron venir, e inmediatamente sobresalen de entre los demás. Tienen la cara torcida con gesto de descontento, están sentados con los brazos cruzados, tratando de demostrar el más grande desinterés posible, en espera de que la persona que los llevó note su disgusto total y nunca los vuelva a invitar. Esta escena se repite mucho con madres que obligan a sus hijos a asistir, cuando ellos preferirían estar con sus amigos. Y ahí lo vemos: la mamá con una sonrisa de sandía partida, volviéndose a cada rato al hijo para tratar de animarlo disfrutar del programa como ella. Mientras tanto, el hijo trata de mostrarse todavía más renuente, para que su mamá se canse y lo deje en paz.

Si Dios lo hubiera querido de esa manera, nos habría hecho a todos robots. Él nos podría haber programado para hacer cosas en ciertos momentos sin fallar. Un robot puede ser programado a cierta hora para orar, meditar, alabar, llegar (puntual) a la reunión, no chismear, no hacerle daño a nadie, leer la Palabra, compartir el evangelio, dar el diezmo y ofrenda (sin renegar), y miles de acciones más. Parece que esta hubiera sido una muy buena alternativa para el Señor. Pues tendría cristianos perfectos, con sólo programar sus computadoras, pero Él no lo quiso así, sino que desea una relación personal, íntima, directa y voluntaria por parte de nosotros. Él no quiere robots, sino hombres y mujeres genuinos que con gusto, deseo, amor y compromiso, decidan estar con Él.

Para los que estamos enamorados, este es un concepto fácil de entender. Buscamos a nuestro(a) amado(a), anhelamos momentos a solas el uno con el otro. Nos apoyamos en cualquier excusa para podernos ver, platicar, tomarnos de la mano, pasear, y todas esas cosas bonitas y románticas que hacemos los enamorados, y es porque existe una relación, que no se hizo de la noche a la mañana, sino que se trabajó a través de los años, se desarrolló, se cultivó, se llevó a otros niveles de confianza y compromiso hasta que a muchos nos llevó al máximo compromiso de la amistad: el matrimonio. Toda esta relación la empezamos y seguimos con mucho gusto porque amamos a la persona, no lo hacemos de mala gana y poco deseo, sino con genuino gusto. Así también debe ser nuestra relación con el Padre. Él no busca tu «adoración», Él te busca a ti. Tu adoración va a ser un resultado de conocerle a Él, porque adoración es sinónimo de comunión.

Alguien dijo en una ocasión que tu adoración será limitada sólo a tu conocimiento de Dios. No lo podrás adorar más allá de lo que le conoces. ¡Cuán cierta es esta afirmación! Igual al ejemplo que usamos anteriormente de los enamorados. No puedes elogiar a tu amado(a) más allá de lo que tú conoces de él o ella. Lo que sabes acerca de esa persona es lo que te limita a enseñarle sus puntos buenos y darle «alabanza» al respecto. Es igual con el Señor. Si no sabes que Él es fiel, ¿cómo podrás decirle: «Señor, eres fiel»? Del mismo modo, a menos que hayas comprobado su misericordia, podrás decir con seguridad: «Te alabo por tu misericordia». Por eso es indispensable desarrollar una relación íntima, amorosa y fresca cada día con Él. Esto lo desea y lo anhela, y es por eso que dice que «busca» adoradores.

Y no está buscando cualquier clase de adorador, sino «verdaderos» adoradores. Hablaremos más al respecto en la parte que sigue de este mismo capítulo, pero por ahora, permítame hacerle unos comentarios. Hoy en día hay mucha falsedad. Existen personas que se disfrazan de

muy diferentes cosas para sacarle provecho a
algo o a alguien. Es por esto, que más que
nunca necesitamos el don de «discernimiento
de espíritus» (véase 1 Corintios 12.10).

El ser humano se ha vuelto experto en ponerse máscaras de todos tipos para que la gente no conozca en realidad quién es, o para
ocultar algo que no desea que nadie sepa.

Para ser un adorador de los que Dios busca,
tendrás que desenmascararte. De aquí viene el
énfasis del capítulo 2. Arregla tu corazón. De-
senmascáralo y ponte genuino con Dios. El Padre sabe que una de las máscaras más
populares, y hasta eso, más efectivas del mundo, es la máscara de la religión. En la cual somos buenos para ocultar realidades. Sólo
tenemos que ponernos detrás de una fachada
pía y/o santa, aparentando algo de espiritualidad, y toda la gente admirará cuán entregados
somos a Dios. Esto es parte de la mentira de
las religiones. Si sólo cumplimos con las leyes
y las normas establecidas, somos santos. No
importa que la condición del corazón, que nadie ve (sólo Dios), esté lejos de Su verdad. Jesús sabía esto al decir que el Padre busca
«verdaderos adoradores». Él entendía que muchos somos «sinceros», pero falsos adoradores.
Cada domingo, en el mundo entero se congre-
gan millones de esta clase de adoradores. Considere esto:

Dice, pues, el Señor: porque este pueblo se

acerca a mí con su boca, y con sus labios me
honra, pero su corazón está lejos de mí, y su
temor de mí no es más que un mandamiento
de hombres que les ha sido enseñado.

Isaías 29.13

«¡Mandamiento de hombres que les ha sido
enseñado!» ¿A qué se refería el Señor? Creo
que es claro: a la Religión. Millones de personas religiosas conocen bien los «mandamientos» y las reglas, pero no conocen a Dios. No
son «verdaderos» adoradores los que tienen su
corazón lejos de Dios. Pueden ir a todas las
reuniones habidas y por haber, cantar todos los
cantos que se puedan imaginar, ofrendar las
cantidades más generosas posibles, pero ninguna de estas cosas nos hacen un «verdadero
adorador». Entonces, ¿cómo llegar a serlo?

Espíritu y verdad

Esta es una de las frases más usadas dentro
de la iglesia cristiana. Alguna gente la ha usado para excusar su forma desenfrenada y des-
controlada de adorar a Dios. Otros la usan
como una de las frases más célebres del vocabulario de la «sub-cultura» cristiana. Antes de
empezar un canto: «Vamos a entonar este himno al Señor. Hágalo con todo su corazón, porque la Biblia dice que tenemos que adorar en
espíritu y verdad». Pasan por encima de las palabras tan rápidamente, que no causan ningún
efecto en sus corazones, y muy probablemente,

ni cuenta se dan de lo que acabaron de decir. En esta ocasión vamos a verlo con más detenimiento.

Lo primero que notamos es la palabra «espíritu»: El hecho de que el versículo 24 aclara: «Dios es Espíritu», nos muestra que Jesús al decir «espíritu» (nótese que está con minúscula), se refiere al espíritu del hombre y no al Espíritu (nótese que está con mayúscula en el v. 24) de Dios. La adoración verdadera es comunión de espíritu a Espíritu. Desde la profundidad del hombre (su espíritu), nace el deseo de adorar a Dios. Es importante recordar que somos espíritu (antes que todo), tenemos alma (secundariamente) y vivimos en esta carne llamada cuerpo. La mayoría de nosotros no tenemos esta verdad muy clara en la mente y es por eso que vivimos más para la carne que para el espíritu. Pero al final de todo, lo que aparecerá delante del gran trono de Dios para dar cuentas por cada una de nuestras acciones, palabras, pensamientos, y hechos, no será la carne, sino nuestro espíritu. Si podemos lograr empezar a vivir como cristianos espirituales y no carnales, estamos más cerca de llegar a ser «verdaderos adoradores», porque es el espíritu nuestro que está en control de nuestra adoración a Dios, no nuestra carne, ni nuestra alma. Tome nota de que Jesús no dijo: «En carne y en verdad», ni tampoco: «En alma y en verdad», sino: «En espíritu y en verdad».

El rey David arregló este asunto en su vida

desde temprana edad. Estando allá con sus ovejitas empezó a escribir el himnario más increíble de todos los tiempos: Los Salmos. En ellos podemos ver el carácter y la personalidad del salmista. A veces era dulce y tierno (véase Salmo 23), otras veces era tempestuoso, hasta podríamos decir violento (véase Salmo 149). En algunas ocasiones abordó las necesidades personales, las luchas internas y sentimentales (véase Salmos 7 y 13), pero lo que viene a mi mente al leer los salmos de David es que era un hombre de disciplina y determinación. David se proponía las cosas y las hacía. No permitía que sus emociones y sentimientos dictaran su alabanza a Dios. Vez tras vez vemos cómo se propuso alabar a Dios, porque entendía que era algo que tenía que venir del espíritu del hombre y no de su alma ni de su cuerpo. Escuchemos a David:

> Te alabaré, oh Jehová, con todo mi corazón; contaré todas tus maravillas. Me alegraré y me regocijaré en ti; cantaré a tu nombre, oh Altísimo.
>
> Salmo 9.1,2

> Invocaré a Jehová, quien es digno de ser alabado. Y seré salvo de mis enemigos.
>
> Salmo 18.3

> Bendeciré a Jehová en todo tiempo; Su alabanza estará de continuo en mi boca.
>
> Salmo 34.1

Mi corazón está dispuesto, oh Dios; cantaré y entonaré salmos; esta es mi gloria. Despiértate salterio y arpa; despertaré el alba. Te alabaré, oh Jehová, entre los pueblos; A ti cantaré salmos entre las naciones.

Salmo 108.1-3

Alabaré a Jehová con todo el corazón. En la compañía y congregación de los rectos.

Salmo 111.1

Te alabaré con todo mi corazón; delante de los dioses te cantaré salmos. Me postraré hacia tu santo templo, y alabaré tu nombre por tu misericordia y tu fidelidad.

Salmo 138.1,2

Te exaltaré, mi Dios, mi Rey, y bendeciré tu nombre eternamente y para siempre. Cada día te bendeciré, y alabaré tu nombre eternamente y para siempre.

Salmo 145.1,2

Cada uno de los versículos citados demuestra una acción determinante por parte de David. No escribía: «Si todo va bien, entonces te alabaré». «Si no me gritan en el trabajo, te bendeciré». «Si mi esposa amanece de buen humor y no me quema el pan te exaltaré». «Si puedo tener ese nuevo auto que te he pedido, te glorificaré». «Es más, de mí no escucharás nada más, hasta que me des ese auto nuevo».
Suena increíble, pero hay personas que se

ponen en ese plan con Dios. Piensan que el darle adoración a Dios es a cambio de algún bien material que podemos negociar con Él para obtener su favor, misericordia o alguna otra cosa. ¡Dios tenga misericordia de nosotros! La adoración fue algo que David *se propuso* en su corazón, porque entendía que su espíritu estaba en control de la adoración en su vida. El día o momento en que entremos a esta realidad, estaremos más cerca de llegar a ser verdaderos adoradores.

Algunos dicen: «Bueno, pero se trata de David; yo no soy David, ni tengo su fe ni el favor de Dios, ni todo lo que de seguro él tenía». De nuevo, ¡craso error! David fue un hombre tan normal como lo es cualquiera de nosotros. No tenía nada en especial. Aprendió sus lecciones, oportunidad que tenemos también nosotros, siguió creciendo en su fe, lo mismo que nosotros debemos hacer, y todas las cosas fueron de menos a más en su vida. Igual que puede y debería ocurrir en nuestras vidas.

Hasta tal punto él fue un hombre común y corriente, que cuando el profeta Samuel fue movido por Dios para ungir a uno de los hijos de Isaí como nuevo rey de Israel, ¡a David ni siquiera lo invitaron! Samuel se dio varias vueltas entre los hermanos mayores de David suponiendo que cualquiera sería buen candidato porque todos tenían los atributos físicos de un buen rey. Sin embargo, Dios no le señaló a ninguno de ellos. Samuel, seguro de que Dios le

había dicho que el nuevo rey vendría de la casa de Isaí, se atrevió a preguntar: «¿Habrá algún hijo que no se encuentre aquí?» Y le
tuvieron que decir: «Ah... pues... pues... sí. Hay
un chiquillo que se dedica a cuidarnos las ovejas, pero él no tiene educación, ni mucha enseñanza, ni está en el ejército de Saúl como todos
estos hijos míos. De seguro él no puede ser el
nuevo rey». Y para sorpresa de los hermanos
mayores, que quizás ya se estaban imaginando
en posesión del trono, Samuel lo mandó traer.

Sin conocer mucho de lo que sucedía, David
entró a la casa con su arpita en la mano, su
ropa de segunda (todos los que tenemos hermanos mayores usamos la ropa que ellos dese-
chan), quizá su vestido estaba parchado,
remendado y mal ajustado y lo más seguro es
que olía a oveja. No le habían dado oportunidad de irse a dar un baño y arreglarse como
quizás lo pudieron hacer sus hermanos. Casi
puedo ver la cara que pusieron sus hermanos
mayores cuando David entró a la casa;
«Hmmmmm, ya llegó este». Ahora imagínese
lo que han de haber pensado cuando el profeta
toma el cuerno y derrama todo el aceite sobre
la cabeza de David «en medio de sus hermanos» (véase 1 Samuel 16.1-13).

¿Qué le dijo el Señor a Samuel que estaba
buscando? El corazón (v. 7). David no tenía aptitudes más especiales que sus hermanos. Es
más, es muy probable que, humanamente hablando, haya tenido menos aptitudes que ellos.

Sin embargo, Dios no escogió a sus hermanos porque no tenían el corazón de David: dispuesto, listo, entregado y determinado a buscar a Dios en todo tiempo. Nosotros somos los Davides de ahora, los que podemos determinar adorar a Dios, proponiéndolo en nuestro corazón y disciplinándonos a hacerlo.

Si siente que no tiene aptitudes especiales para ser un «verdadero adorador», entonces es un candidato excelente para ser usado por Dios. Dice Pablo a los corintios: «Sino que lo necio[...] escogió Dios, para avergonzar a los sabios; y lo débil del mundo escogió Dios, para avergonzar a lo fuerte; y lo vil del mundo y lo menospreciado escogió Dios, y lo que no es, para deshacer lo que es, a fin de que nadie se jacte en su presencia» (1 Corintios 1.27-29).

En nuestro espíritu es donde mora el Espíritu de Dios y por eso es importante permitir que el espíritu dirija la alabanza en nuestra vida, porque Él está en directa comunión con Dios. Un salmo dice de esta manera: «Un abismo llama a otro en la voz de tus cascadas[...]» (Salmo 42.7). La palabra «abismo» aquí se refiere a un lugar profundo. Desde la profundidad de nuestro ser (nuestro espíritu) llamamos a la profundidad del ser de Dios (su Espíritu) para tener comunión. La voz de las cascadas son todos los ruidos y sonidos, problemas y demás cosas que nos envuelven en esta vida. A pesar del ruido de las cascadas, nuestro espíritu anhela tener más comunión con el Espíritu de Dios. Cristo dijo: «[...] el espíritu a la verdad está dispuesto, pero la carne es débil» (Mateo 26.41). La palabra «dispuesto» aquí es *prothumos* que quiere decir «listo». La palabra «débil» es *astehenes* que significa «impotente, enfermo, sin poder». Esta es una lección más en la enseñanza, ahora de la misma boca de Cristo, en cuanto a que tenemos que darle más poder al espíritu y menos a la carne para dirigir los asuntos de nuestra vida.

La segunda palabra en este versículo es «verdad». Hay varias cosas que podemos aprender de esto. Primero, creo que Jesús está enseñando que es importante emplear nuestro entendimiento al estar adorando (véase 1 Corintios 14.15). Muchas personas quieren que algún espíritu extraordinario venga sobre ellos y los «lleve» a la adoración sin tener que hacer esfuerzo alguno, pero el adorar a Dios requiere también de una acción de nuestra parte. Necesitamos adorarle sobre la base del conocimiento que ya tenemos de Él, y al hacerlo de esta manera, basamos nuestra adoración en las «verdades» acerca de Dios, y de este modo le adoramos en «verdad». Segundo, también tiene que ver con adorarle conforme a las verdades, los principios y las normas establecidas en Su Palabra, la Biblia. Adoración en «verdad» indispensablemente debe tener una fuerte base bíblica. Hay quienes han «descubierto» nuevas maneras de adorar al Señor, pero si no llevan un fundamento en la Palabra, entonces nos podemos atrever a decir que no es correcta su «nueva forma» de adorar.

Uno de mis maestros me dijo algo hace muchos años que impactó mi vida: «Todas las *revelaciones* de Dios ya se han recibido. Lo único que se pudiera decir ahora es que Dios nos está *iluminando* sobre su revelación». Se refería a la Biblia. Esta es la palabra revelada de Dios, perfecta y sin error. Muchos decimos: «Dios me reveló esto o aquello», cuando quizá la manera más correcta de decirlo sería: «Dios me iluminó sobre esto o aquello que tiene que ver con su revelación». Para poder adorar en «verdad» necesitamos conocer Su Palabra, la Biblia. Tercero, también se refiere a adorar al Señor con sinceridad, integridad y pureza del corazón. Por mucho tiempo se pensaba que lo único que necesitábamos para poder adorar era un corazón sincero, y aunque tiene un lugar importante en la adoración, en sí la sinceridad en realidad no lo es todo respecto a la adoración. Hemos oído a mucha gente decir: «Pues, Dios ve la sinceridad y creo que es lo más importante». ¡Pues, fíjese que no lo es! Ejemplo: la Biblia habla claramente de no doblar la rodilla ante nada o nadie para adorar. Sin embargo, año tras año vemos los ritos y las ceremonias que se llevan a cabo en todos los países del mundo en días especiales al conmemorar alguna deidad. Sin lugar a dudas, las personas que adoran estos dioses lo adoran con mucha sinceridad, en las procesiones y festejos porque sinceramente quieren agradar a sus dioses. Ahora yo me pregunto, ¿por el simple hecho de ser sinceros se justifica el que lo hagan, cuando la Biblia nos enseña en contra de esta clase de idolatría? ¿Vamos entonces a decir que sólo porque somos sinceros podemos seguir viviendo en errores, en lo que a nuestra adoración respecta? Claro que no. Al conocer más acerca de su naturaleza y carácter, estamos enfrentándonos a la necesidad de cambiar nuestra manera de adorar conforme a su verdad y no a la nuestra.

De hecho la palabra sinceridad tiene una raíz bastante interesante. Ser una persona «sincera» quiere decir «estar sin máscara». En tiempos antiguos, hacían máscaras de cera, como las que usaban en los grandes festejos de los reyes de antaño, al hacer «bailes de disfraces» o eventos por el estilo. La diversión en esta actividad era el tratar de reconocer quién era la persona detrás de la máscara sin tener que quitársela. Entonces, cuando en los negocios se hacían tratos, se preguntaban el uno al otro: «¿Eres sincero?», por decir: «¿Me estás ocultando algo detrás de alguna máscara? ¿Te has quitado la máscara de cera y me estás permitiendo verte totalmente?» Con esta pregunta se sabía si la persona con la que trataban estaba siendo «sin-cera», o sea sin máscara.

En efecto, para ser un verdadero adorador, es necesario quitarnos las máscaras que ocultan nuestra realidad para que de esta manera adoremos con sinceridad al Señor. A pesar de que la sinceridad no es el único ingrediente para una verdadera adoración, sí es uno de los más necesarios. Cuando nos acercamos a Dios, debe ser con un corazón puro, íntegro y sin máscaras. La «verdad» de nuestra vida debe salir a relucir cuando estamos en su presencia.

El cuarto aspecto de adorar en «verdad» es el adorarle a través de la verdad: Jesús. En una ocasión Él dijo: «[...] yo soy la verdad[...]» (Juan 14.6). Necesitamos aprender a adorar por medio de Jesucristo, ya que Él es la verdad. En Colosenses 3.17 nos dice: «[...] todo lo que hacéis, sea de palabra o de hecho, hacedlo todo en el nombre del Señor Jesús, dando gracias a Dios Padre por medio de Él» Hebreos enseña que Jesús es nuestro Sumo Sacerdote (Hebreos 8.1-6) y que «se sentó a la diestra del trono de la Majestad en los cielos[...] para presentar ofrendas y sacrificios[...]» Nuestra adoración tiene que ser por medio de nuestro sumo sacerdote, Jesucristo. Pablo, en 1 Timoteo 2.5, dice: «Porque hay un solo Dios, y un solo mediador entre Dios y los hombres, Jesucristo hombre».

Busca

Esta palabra me trae un poco de tristeza y me muestra que existe un problema alarmante, pues el Padre tiene que estar *buscando* adoradores. Es triste pensar que el Dios del Universo, Creador de los cielos y la tierra, de todos los que caminamos en su creación, tenga que andar a la busca de adoradores. Si al fin de cuentas para esto hemos sido creados. Dios quiso comunión, relación y amistad con nosotros, y sin embargo Él tiene que estar buscando quienes quieran desarrollar esa relación con Él. ¡Qué triste!

Considere los siguientes pasajes:

> Este pueblo he creado para mí; mis alabanzas publicará.
>
> Isaías 43.21

> [...] habiéndonos predestinado para ser adoptados hijos suyos por medio de Jesucristo... *para* la alabanza de su gloria[...]
>
> Efesios 1.5,6

> [...] en él fueron creadas todas las cosas... todo fue creado por medio de él y *para él* [cursivas y paráfrasis del autor].
>
> Colosenses 1.16

En el corazón de Dios está el deseo de tener comunión con nosotros, pero nosotros se lo negamos. Quizá es por falta de entendimiento básico acerca de quién es Dios y cuáles son sus deseos. O quizá es porque estamos tan ocupados en hacer tantas cosas por Él que no nos tomamos el tiempo para estar con Él. Alguien ha dicho, correctamente, que nos hemos involucrado tanto en la obra del Señor que se nos ha olvidado el Señor de la obra. En especial los que nos encontramos en el trabajo del ministerio de «tiempo completo», nos ocupamos de tantas cosas, y todas ellas de seguro buenas, que no nos queda tiempo para pasarlo con nuestro Amado.

En repetidas ocasiones la Biblia compara nuestra relación con el Señor con el vínculo matrimonial. Su iglesia (usted y yo) somos la novia del Cordero (Jesús) y un gran día habrá una boda de bodas donde nos casaremos con Él y estaremos con Él por toda la eternidad. Bueno, si en efecto somos la novia, veamos cómo se porta esta novia.

El Amado viene y le dice:

—¿Me regalas un abrazo?

Y la novia (nosotros) le contesta:

—Después de terminar de lavar esta ropa de *tus hijos*.

De nuevo viene el Amado y nos pregunta:

—Ahora sí, ¿me regalas ese abrazo?

Nosotros (la novia) le contestamos:

—Tan pronto termine de preparar y darle estos biberones a *tus hijos*, Señor.

La novia está lavando, planchando, cocinando, cambiando, arrullando y dando de comer a los niños. Limpia la casa, habla a los vecinos (evangelización) del esposo tan maravilloso que tiene, entona himnos de Él a todo el mundo y hace cosas realmente buenas y admirables, pero no tiene tiempo para estar con Él. Cuando se acaba el día estamos tan cansados de tanto «que-hacer» que nos tiramos en la cama para recuperar las fuerzas y al día siguiente continuar con la misma rutina. Al levantarnos cada mañana decimos una oración de «bendice mi día y mi agenda, y por favor, trata de entender que como estoy tan ocupado en *tus* cosas no tendré tiempo hoy de estar contigo». En lugar de preguntar: «¿Cuál es Tu agenda de hoy para mí, Señor?», usamos el estilo de alguien que somete sus planes para que se los autoricen.

No se me escapa de la mente el cuadro de un Dios tierno, amoroso, deseoso de una amistad y comunión con su amada, caminando por doquier, buscando, llamando, hablando al corazón en espera de que alguien se detenga lo suficiente, sólo para darle el abrazo que Él anhela. ¿Encontrará a alguien?

¿POR QUÉ LA ESCASEZ DE VERDADEROS ADORADORES?

*L*A adoración no es algo que viene fácil a la mayoría de la gente por varias razones. En este capítulo, me gustaría revisar algunas de esas razones y ver si es posible encontrar soluciones al problema de la escasez de verdaderos adoradores. Sin embargo, le aconsejo a usted que si no está dispuesto a llegar a ser un verdadero adorador cierre este libro lo más pronto posible, porque cuantas más páginas vaya leyendo, más comprometido estará usted de vivir de acuerdo a lo que el Señor le está hablando. Le advierto desde ahorita, para que sepa a lo que se atiene.

El precio del postrarse

Todo tiene un precio. Eso es un hecho, una realidad. Normalmente, cuanto más grande es el objeto o la responsabilidad más alto es el precio. Hay algunos que predican y creen que todo lo que tiene que ver con el Evangelio es fácil y tienden a simplificarlo. Y otros hacen del Evangelio algo tan difícil e inalcanzable, poniendo toda clase de reglas y condiciones a cuanto tenga que ver con servir a Cristo. Sin ir a ninguno de esos dos extremos, tenemos que tocar un punto: la adoración tiene un precio y a veces este es muy alto.

Primero, vamos a ver las palabras que le habla Jesús a la mujer samaritana. En Juan 4.23 le dice: «[...] los verdaderos adoradores adorarán al Padre en espíritu y verdad; [...] el Padre tales adoradores busca que le adoren». La palabra que Jesús utiliza al decir «adoradores» es *proskunetes*. Y esto significa «alguien que practica el *proskuneo*». Bueno, eso no nos sacó de muchas dudas, ¿verdad? Para entender *proskunetes* necesitamos conocer *proskuneo*.

Proskuneo significa «agachar el cuerpo o doblarlo a, literal o figurativamente postrarse uno en homenaje, haciendo reverencia a, halagar». En otras palabras, significa «postración». Esta es la clase de adoradores que hacen falta: los que se postran delante del trono de Dios en reverencia, humillación y reconocimiento de que Él es el Rey de reyes y Señor de señores. Aquí está el detalle de por qué hay pocos adoradores. Poca gente quiere pagar el precio de la postración, porque esto significaría la pérdida del control de sus vidas, y muchos no quieren estar fuera del control de sus vidas. Si leemos el versículo a la luz de la definición de la palabra que utiliza el Señor se entiende ahora muy diferente: «...Los verdaderos postradores se postrarán al Padre en espíritu y verdad... el Padre tales postradores busca que se postren».

Uno de los propósitos principales de la adoración es reconocer nuestra posición ante el Señor. No es necesario recordarle al Señor que Él está sentado sobre el trono de poder, autoridad y dominio, pero sí es indispensable recordarnos a nosotros mismos que Él es la máxima autoridad. Esto lo podemos hacer a través de la adoración. El Señor dice por medio del profeta Isaías: «Como son más altos los cielos que la tierra, así son mis caminos más altos que vuestros caminos, y mis pensamientos más que vuestros pensamientos» (Isaías 55.9). ¡Esta es una verdad que siempre necesitamos recordar! Es necesario que esto penetre hasta la misma fibra de nuestra existencia. Hay que respirarlo y vivirlo constantemente: «Él es más alto en todo que yo». La adoración nos permite siempre mantener el enfoque de esta eterna verdad: «Señor, tú eres todo, y en ti me muevo y respiro y tengo mi existencia (véase Hechos 17.28), fuera de ti nunca fui y nunca seré nada». Al postrarnos ante Su trono tenemos la oportunidad de recordar este hecho. El postrarse ante algo o alguien demuestra humillación o rendición y es un reconocimiento de nuestra propia debilidad ante alguien mucho más grande y poderoso que uno.

En Apocalipsis vemos algo muy interesante. En el capítulo cuatro, los veinticuatro ancianos se postran ante el trono, haciendo algo muy impactante: «[...] Echan sus coronas delante del trono[...]» ¡Qué significativo! Una corona se utiliza para varias cosas. Primero, significa realeza. Es por eso que los reyes usan coronas. Es un símbolo para alguien con distinción, separado y muy importante. Hay unas coronas en las familias reales que simbolizan ciertas posiciones dentro de la jerarquía monárquica, al igual que hay coronas específicas que se usan para diferentes ocasiones o festejos. En el caso de la realeza, las coronas son una parte importante de la posición real. Segundo, se utilizan coronas para premiar a los ganadores de juegos deportivos. Pablo, en varias ocasiones, escribe cartas a la iglesia usando paralelos con el deporte para enseñar principios bíblicos (1 Corintios 9.24-26; 2 Timoteo 2.5), y menciona las coronas como premio. La Biblia también habla de la corona que recibiremos como premio por nuestra fidelidad (2 Timoteo 4.8; Santiago 1.12; Apocalipsis 2.10). En fin, las coronas, en cualquiera de sus presentaciones, son premios que traen gloria. Al ver a alguien con una pensamos una de dos cosas: 1) es realeza (de alguna familia real) y, por lo tanto merece gloria, ó 2) es el ganador de algún deporte, juego o concurso (los certámenes de belleza, por ejemplo), y por lo tanto, son dignos de ser admirados, respetados, etc. En otras palabras, dignos de gloria y admiración.

Los veinticuatro ancianos, por alguna razón, tenían coronas. Probablemente son de la reale-

za, o quizá sean algunos de los que «han alcan-
zado» y se les ha coronado. De cualquier forma, ellos reconocen que su gloria, por muy
grande que sea, no se compara a la del Rey de
la eternidad, y al verlo a Él sentado sobre el
trono, su reacción inmediata, casi natural, es la
de «echar sus coronas (aquello que les da gloria, lo que los distingue) delante del trono». Reconocen que cualquier gloria u honra que
puedan tener, sólo es digna de ser pisoteada
por el gran Rey de los cielos, quien tiene, en
verdad, la gloria más grande y excelsa de todos. Lo más grande para nosotros es basura
comparado con lo más bajo para Él. Cuanto
más pronto entremos en esta realidad, más rápido llegaremos a ser verdaderos adoradores.
«Él es TODO, yo soy nada; Sus caminos son
más altos que mis caminos. Sus pensamientos
son más altos que mis pensamientos». Estas deben ser las verdades que recordamos cada vez
que venimos delante del trono de Dios. La adoración nos permite la ocasión de recordar estas
verdades y estos principios. Usted y yo necesitamos adorar. Por eso es que el Señor nos ha
ordenado hacerlo, porque Él sabe lo olvidadi-
zos que somos, y si no adoramos, vamos a olvidar nuestra posición: rendidos ante sus pies,
con nuestras coronas «echadas» delante de Su
trono de justicia, verdad y eterna gloria. Pablo
escribe a los filipenses:

Pero cuantas cosas eran para mí ganancia,

las he estimado como pérdida por amor de Cristo. Y ciertamente, aun estimo todas las cosas como pérdida por la excelencia del conocimiento de Cristo Jesús, mi Señor, por amor del cual lo he perdido todo, y lo tengo por basura, para ganar a Cristo.

Filipenses 3.7,8

El verdadero adorador reconoce que tiene que vivir una vida postrada delante del trono de Dios en reconocimiento de la grandeza del Rey de reyes y Señor de señores. Esto cuesta y es por eso que hay una escasez de adoradores.

El Nuevo Diccionario Bíblico dice acerca de «trono» lo siguiente: «El trono simboliza dignidad y autoridad (Génesis 41.40; 2 Samuel 3.10), simbolismo que puede extenderse más allá del ocupante inmediato (2 Samuel 7.13-16). [...] La justicia y el derecho le son impuestos a sus ocupantes (Proverbios 16.12; 20.28)».

Podríamos hablar bastante de lo que significa el trono en nuestras propias vidas ya que muchos nos encontramos bien sentados sobre él, sin oportunidad de que otro ocupe ese lugar de autoridad en nosotros. Es por esto que hay pocos verdaderos adoradores: son pocas las personas que están dispuestas a bajarse del trono de sus propias vidas y permitir que el Rey del universo se siente ahí para gobernar en todas sus actividades, pensamientos y palabras de sus vidas. Nos reservamos el derecho, muchas veces, de tener nuestra propia «dignidad y autoridad» y no queremos entregársela a nadie. Ah, de labios honramos muy bien al Señor y entonamos muchos cantos hermosos acerca de que Él puede venir y sentarse sobre el trono de nuestras vidas, pero en la práctica, en la realidad, eso no es así, y es por eso que hay pocos verdaderos adoradores: no nos hemos tomado la molestia de bajarnos del trono de nuestras vidas y darle el lugar al que merece ocuparlo: Jesucristo, Rey de reyes.

El Salmo 22.3 dice: «Pero Tú eres santo, Tú que habitas entre las alabanzas de Israel». La palabra «habitar» en el hebreo es *yashab* y significa más que habitar; también quiere decir «sentar, permanecer, continuar». Una de las definiciones bajo «sentar» dice «hacer sentar». Esto es muy significativo, ya que cuando usted y yo alabamos al Señor, al cantarle, al postrarnos delante de Él, figurativa o literalmente, estamos creando un lugar donde Él puede descender y permanecer con nosotros. En un sentido, estamos creando un lugar donde Él se puede sentar: un trono. Estando en el trono, Él puede reinar, emitir edictos, hacer favores hacia Su pueblo, juzgar y ejercer Su autoridad. Todas estas cosas las hacen los reyes cuando están sentados sobre sus tronos. Igualmente el Rey de los cielos, cuando permitimos que se siente sobre el trono de nuestras vidas, podrá hacer todas esas cosas y más, porque Él está en control. Es tiempo de bajarnos del trono y permitir que Él lo tome, y que sea más que un canto, que sea una realidad.

Regresando a la palabra *proskuneo*, encontré algo muy interesante al estudiarla. Se compone de dos palabras griegas: *pros* que significa «hacia adelante» (en lo que a dirección se refiere) y *kuon* que quiere decir «un perro, un podenco» (literal o figurativo). De aquí proviene una de las definiciones de *proskuneo*, la cual es «besar, como un perro besa la mano de su amo». ¡Esto me tomó por sorpresa! Nunca me imaginé que la adoración tuviese algo que ver con perros. Pensando en ello una tarde, de pronto me impactó el porqué comparar la adoración con el beso de un perro para su amo.

Hay muchos besos que se dan en la actualidad. Existen besos sociales, de acuerdo con la cultura de distintos países. Por ejemplo, en la Argentina los hombres se besan en la mejilla, cosa que no sucede en México (y esperemos en Dios que así se quede). En muchos países europeos, los hombres se saludan con un beso, ¡pero... en cada mejilla! Cuestiones culturales y sociales cien por ciento. Hay besos familiares: hijos con sus padres, padres con sus hijos, esposos con sus esposas, etc. Muchas veces un beso se da con interés, esperando recibir algo, o sólo para quedar bien con alguien, o en presencia de alguien. Los humanos somos muy astutos en el asunto de qué hacer para sacar el mejor provecho posible de algo. Muchos besos resultan traicioneros, como lo que le pasó a nuestro Señor Jesús con Judas. Es interesante que la definición de «beso» en *proskuneo* lo especifica como el de un perrito hacia su amo. No usan ninguno de los otros tipos de besos para explicar esta acción. ¿Por qué habrá sido?

Muchos de niños hemos tenido una mascota. La mayoría de nosotros, en algún tiempo, fuimos dueños de un perrito. Conozco personas que son muy buenas con sus mascotas, y otras que no lo son. Hay amos que exageran el cuidado que le dan a sus perritos. Hay cada comerciante que inventa cosas para aprovechar de la gente que tiene esa clase de cuidados con sus mascotas. Por ejemplo, cementerios para perros, huesos de hule, ropa para perro... y tantas otras cosas. Seguramente, hay quienes gastan mucho dinero en todas estas cosas por el cariño que les tienen. Hay otros que, en cambio, hacen sufrir a sus animalitos porque carecen del amor básico, humano, puesto por Dios hacia Su creación. Estos amos no les dan de comer por días, no les dan de beber, nunca les prestan nada de atención, a menos de que sea para darles una muy buena patada y gritarles: «¡Quítate de aquí, chucho horrible, hazte para un lado!», y otras cosas terribles por el estilo; y el pobre perro, realmente sin ninguna opción a menos de escapar de la casa y enfrentarse a la posibilidad de que le vaya peor, se resigna a seguir aguantando.

Todos hemos visto los dos extremos que acabo de describir. En el segundo caso, en el cual el trato es horrible, ¿se ha fijado que el perro le sigue teniendo lealtad y devoción a esa persona tan desalmada? Cuando llega ese amo a su casa, dando gritos y patadas, ¿cómo lo recibe el perrito, pese a todo y eso? Normalmente, con brincos, ladridos de alegría y regocijo y si se lo permiten con lamidas en la mano y en la cara. ¿Por qué? ¿Porque el amo es una persona admirable, amable y muy buena gente? ¿Porque el amo siempre le da de comer y beber y le presta todas las atenciones que el perrito merece y desea? ¡No! ¡Todo lo contrario! El animalito recibe de esa manera a su amo, y lo seguirá recibiendo hasta el día de su muerte, simplemente porque el amo ES QUIEN ES. Ahí está todo. La mascota no celebra al amo por ninguna otra razón sino porque es su amo, y ese perrito le tiene un cariño como a nadie más, solamente porque lo conoce como su amo. Así, nosotros con Dios. Nuestra adoración a Él no debe ser en base a lo que hace o no hace para o por nosotros, sino debería ser en base al hecho, a la realidad de que ÉL ES QUIEN ES. ¡Él es Dios!, Soberano, Majestuoso, Maravilloso, Eterno, Divino, Justo, Verdadero, Fiel y tantas otras cosas que podríamos decir acerca de Él. Por eso es que le alabamos, porque Él es nuestro Dios. Si nunca más Él nos diera nada, si jamás recibiéramos de Su mano alguna bendición, Él seguiría siendo DIGNO de recibir la gloria y la alabanza porque ÉL ES QUIEN ES. ¿No le da gracias que aparte de ser digno de recibir la gloria, es bueno con nosotros también? Qué bueno es que Él es grande en misericordia y no nos da lo que merecemos.

El precio de acercarse al trono

Otra razón por la que creo que hay una escasez de adoradores, es que entrar en la presencia del Señor es una gran responsabilidad que muchos no estamos dispuestos a aceptar, prefiriendo permanecer en los «atrios» o en las «puertas». Cuando el salmista escribe en el Salmo 100: «Entrad por sus puertas con acción de gracias, y por sus atrios con alabanza», está pensando, lógicamente, en la estructura del tabernáculo de Moisés, estableciendo para nosotros hoy en día un protocolo de entrada ante la presencia de Dios. Veamos esto por algunos momentos.

La mayoría del pueblo nunca tuvo contacto con Dios más allá de las puertas o los atrios. El Lugar Santo era para unos cuantos de los sacerdotes, y el Lugar Santísimo todavía para menos. Sólo un hombre, una vez por año (en el Día de la Expiación) podía entrar al Lugar Santísimo, donde moraba la misma presencia de Dios. Ese era un lugar muy especial, que muy pocas personas vieron. La gente sabía del sitio sólo por lo que les platicaban los sacerdotes, que supieron de los otros sacerdotes, y así una cadena de posible desinformación bastante grande. Es probable que circularan historias muy interesantes sobre el Lugar Santísimo, algunas basadas en las experiencias de algún pri-

mo del cuñado del sacerdote que se encargaba
de la limpieza en el tabernáculo. Lo único que
todos sabían, sin lugar a dudas, es que la presencia de Jehová de los ejércitos era grande y
temible, algo que había que respetar de una
manera tremenda. Todo el pueblo, cuando Moisés estaba en el monte Sinaí con Dios, escucha-
ron los truenos y vieron los relámpagos, y
sabían que Jehová Dios era alguien grande y
poderoso. Me supongo que la gran mayoría de
los israelitas estaban contentos de que ellos no
tenían que estar tratando con ese Dios. Al acercarse al tabernáculo, casi me puedo imaginar
que lo hacían con reverencia y respeto, temero-
sos de no cometer algún error que posiblemente les metiera en problemas.

La Biblia enseña que el sumo sacerdote llevaba unas vestiduras muy especiales cuando entraba en el Lugar Santísimo una vez por año.
Lo que me llama mucho la atención es que llevaba campanitas en el borde de sus vestiduras
para poder oír el sonido del sumo sacerdote en
el Lugar Santísimo ministrando delante de Dios
(Éxodo 28.33-35). La última parte del versículo
35 dice: «[...] se oirá el sonido cuando él entre
en el santuario delante de Jehová y cuando sal-
ga, para que no muera». ¡Qué drástico! Pusieron las campanas para saber si el sacerdote
seguía vivo o no en la presencia del Señor. No
sé dónde comenzó (porque no lo he podido
comprobar en La Palabra) pero alguien empezó a
decir que el sumo sacerdote llevaba inclusive un la-

zo alrededor de la cintura, de tal manera que si acaso moría delante del arca de la presencia de Dios los otros sacerdotes que estaban en el Lugar Santo pudieran estirar la soga para sacarlo sin tener que entrar. No sé si esto es algo que la historia enseña o simplemente es mala información. Sea como fuese, entrar al Lugar Santísimo era una cosa de suma seriedad, y no podía tomarse a la ligera. Hasta donde yo sé, nunca se menciona en la Biblia que Dios le haya dado muerte a alguno de los sumos sacerdotes al estar ellos en el Lugar Santísimo. Pero sí menciona a otros que murieron por querer ministrar incorrectamente en el templo.

El rey Uzías fue un hombre que empezó bien, pero terminó mal. Muchas de las cosas que hizo fueron buenas, pero después la Biblia enseña que se «enalteció» porque era hombre fuerte (2 Crónicas 26.16). Enorgullecido, entró un día en el templo, según él, a quemar incienso en el altar. Aquí hago notar que el altar del incienso no se encontraba en el Lugar Santísimo sino en el Lugar Santo. Estando él ahí, entró corriendo Azarías el sacerdote, advirtiéndole sobre el error que estaba cometiendo. El rey se ríe del sacerdote, porque piensa que no necesita seguir el protocolo necesario para venir delante de Dios, que era el acercarse a Dios por medio de los levitas sacerdotes. A fin de cuentas, ha de haber pensado, que por tantas cosas buenas que él había hecho «para Dios», Dios ahora podía hacer una excepción en su caso. ¡Equivocado! Ante los ojos de los sacerdotes que estaban frente a su rey, Dios lo juzga con lepra y tiene que salir de ahí humillado, enfermo y moribundo. Dice el versículo 20 de 2 Crónicas 26: «[...] porque Jehová lo había herido».

Quiero que se imagine conmigo por unos momentos las historias que habrán corrido entre todo el pueblo acerca de este relato. «El Rey ha sido juzgado por Dios con lepra», «¿Oíste? El rey trató de hacer el trabajo de los sacerdotes y Dios lo hirió con lepra». Si Dios hiere al rey, un hombre de importancia y poder en el reino, ¿qué no haría con otra persona que intentara hacer algo similar? Puedo imaginarme que la mayoría de la gente se decía: «Qué bueno que nosotros no tenemos la tarea de tener que tratar con ese Dios tan poderoso y temible. ¡Que lo hagan los sacerdotes!» Si una cosa tan terrible sucede en el Lugar Santo, ahora imagínese el cuidado que ejercían los sacerdotes cuando entraban al Lugar Santísimo. No creo que se les escapara un solo detalle.

Los hijos de Elí son otro ejemplo de quienes por descuidar las cosas del tabernáculo fueron sometidos al juicio de Dios. Oportunidades les han de haber sobrado a estos hombres de arreglar sus caminos, pero como nunca cambiaron su manera despiadada de vivir, dice la Biblia: «[...] Jehová había resuelto hacerlos morir». Esta historia la encontramos en 1 Samuel 2.12-4.22.

Con todos estos relatos y con el conocimiento común entre el pueblo acerca de las cosas que sucedían alrededor del tabernáculo, creo que se fue infundiendo un temor hacia todo lo relacionado con las cosas de Dios. Pienso que ese temor ha seguido hasta la fecha. La mayoría de las personas siguen contentas con permanecer en las «puertas» del tabernáculo y dejando entrar los sacerdotes «delante de Dios». La mentalidad está muy arraigada sobre todo en personas que vienen de un transfondo religioso donde se ha «endiosado» el ministerio, y se ha propagado la idea de que necesitamos hacernos de alguien que tenga alguna «entrada» especial con Dios para que interceda por nosotros. Nadie quiere entrar por su propia cuenta, por miedo, desinformación o quizá por puro desconocimiento. Sea como fuese, hay pocos que quieren entrar ante el gran trono del Señor, y creo que ésta es otra de las razones por las que hay pocos adoradores.

La Biblia enseña que cuando Cristo, aún clavado en la cruz, exclamó: «Consumado es», el velo que estaba en el templo se rompe de arriba hacia abajo (véase Mateo 27.51), significando claramente que por medio de Jesús TODOS ahora tenemos libre acceso delante del trono de Dios. Jesús es ahora nuestro Sumo Sacerdote (Hebreos 4.14) que hace intercesión por nosotros y que ha ofrecido la última expiación, una vez por todas, para todo hombre, mujer, niño y niña. Ahora sólo resta que nosotros entendamos esta gran verdad y que empecemos a tener la confianza de entrar delante de Su trono, por medio

de Jesús, y de esta manera desarrollar una relación más íntima y profunda con Él. Es importante entender que Dios nos ve por medio de
Jesús, y que por lo tanto podemos deshacer la
idea de que Dios sólo recibe a sus «consenti-
dos», sino que todo aquel que se acerque a Él
recibirá audiencia. Considere esto:

> Porque no tenemos un sumo sacerdote
> que no pueda compadecerse de nuestras de-
> bilidades, sino uno que fue tentado en todo
> según nuestra semejanza, pero sin pecado.
> Acerquémonos, pues, confiadamente, al trono
> de la gracia, para alcanzar misericordia y ha-
> llar gracia para el oportuno socorro.
> Hebreos 4.15,16

El adorador que está buscando al Padre es el
que entiende y conoce que tenemos que entrar
delante de Su trono con cuidado. No es una
cosa de juego. Necesitamos entrar por medio
de nuestro Sumo Sacerdote, Jesucristo, pero lo
podemos hacer con confianza. No debemos te-
mer Su presencia, en el mal sentido de la palabra «temor», sino de reconocer que Su
presencia es grande, y darle la reverencia, respeto y honor que merece. La adoración es mucho más que sólo cantar que Cristo necesita
tomar el trono de nuestras vidas, sino que es
permitir que realmente lo haga, en la práctica y
en la vida diaria. Podríamos decir, como lo hemos dicho en tantas ocasiones, que la adoración es un ESTILO DE VIDA.

Nuestra manera de vivir debería ser una adoración al Señor. El trato que tenemos con nuestros vecinos debería traer honra al Señor. Nuestro comportamiento en la sociedad, en la escuela, el trabajo, con los amigos y familiares, los jefes con sus empleados, los negociantes en sus negocios, todo debería ser una adoración al Señor. Es decir, todas esas cosas las debería estar manejando Él, y no nosotros. Él debería de tener algo que decir con respecto a nuestros negocios. Por ejemplo, Él debería tener el derecho de poder hablarnos cuando estamos mal en alguna relación familiar. Él debería estar sobre el trono en lo que respecta a nuestras finanzas. Esto es realmente adoración, y como hay tan poca gente que está dispuesta a cederle el terreno, es por eso que el Padre sigue buscando «verdaderos adoradores».

¿Los encontrará?

UN ENCUENTRO CON DIOS

COMO ya hemos establecido que adorar a Dios tiene muy poco que ver con cantar cantos y tocar música, sino que significa tener comunión con Él, desarrollando una relación con Él, necesitamos entonces considerar algunas otras cosas vinculadas con la adoración. Si solamente cantar lo hace a uno un adorador, entonces el Padre no estaría buscando adoradores ya que todos cantamos. Si el tocar un instrumento lo hace a uno un adorador, no habría escasez de los mismos, porque somos muchísimos los que tocamos instrumentos para Él. Si ir a alguna reunión lo hace a uno un adorador, ya habría miles y millones de adoradores por todo el mundo. De hecho, cuando Jesús dijo: «El Padre busca verdaderos adoradores» ya habían muchos que cantaban, tocaban y se reunían, pero no eran verdaderos adoradores. Igual hasta el día de hoy. A pesar de que hay muchos más, en proporción, que están cantando, tocando y/o reuniéndose, la Biblia sigue diciendo que «el Padre busca verdaderos adoradores».

Tener una metodología es lo más fácil del mundo. Muchos nos metemos en una manera de hacer las cosas y de ahí no nos mueven, a veces, ni Dios mismo. Esta ha sido una de las barreras más grandes en la vida para llegar a ser verdaderos adoradores. Ojalá ser un adorador fuera tan sencillo como llevar algunas reglitas, tocar ciertas notas y cantar ciertos cantos o himnos. Pero no. Tiene que ver con tener un encuentro con Dios. Tiene que ver con desarrollar una relación con Él.

Hay un pasaje en la Biblia que nos demuestra, claramente, lo que sucede cuando nos atrevemos a tener un encuentro con Dios: Isaías 6. Esto quisiera analizarlo de cerca.

En el año que murió el rey Uzías vi yo al Señor sentado sobre un trono alto y sublime, y sus faldas llenaban el templo. Por encima de él había serafines; cada uno tenía seis alas; con dos cubrían sus rostros, con dos cubrían sus pies, y con dos volaban. Y el uno al otro daba voces, diciendo: Santo, santo, santo, Jehová de los ejércitos; toda la tierra está llena de su gloria. Y los quiciales de las puertas se estremecieron con la voz del que clamaba, y la casa se llenó de humo. Entonces dije: ¡Ay de mí! que soy muerto; porque siendo hombre inmundo de labios, y habitando en medio de pueblo que tiene labios inmundos, han visto mis ojos al Rey, Jehová de los ejércitos. Y voló hacia mi uno de los serafines, teniendo en su mano un carbón encendido, tomado del altar con unas tenazas;

y tocando con él sobre mi boca, dijo: He aquí
que ésto tocó tus labios, y es quitada tu culpa, y limpio tu pecado. Después oí la voz
del Señor, que decía: ¿A quién enviaré, y
quién irá por nosotros? Entonces respondí
yo: Heme aquí, envíame a mí. Y dijo: Anda
y di a este pueblo[...]

Isaías 6.1-9a

En este capítulo vamos a ver detenidamente
algunas de las cosas que suceden en este encuentro tan increíble, podríamos decir ejemplar,
de adoración.

«... vi yo al Señor...»

Una de las cosas que destaca en este encuentro que tiene Isaías con el Señor es que es un
encuentro real, en todo sentido. Aquí Isaías no
está sufriendo alguna pesadilla, viendo visiones o
experimentando algún tipo de indigestión porque
cenó demasiadas pizzas la noche anterior. Tampoco es producto de su imaginación. Aquí no
creo que vemos que el profeta está inventando
alguna experiencia sobrenatural, sino que está
experimentando un verdadero e impactante encuentro con Dios. Dice que «los quiciales de las
puertas se estremecieron» y que «la casa se llenó
de humo», declaraciones que nos hacen saber
que lo que está viviendo Isaías en este momento
es algo muy real, no producto de su imaginación.
Por años hemos visto a tanta gente tener encuentros con Dios. Algunos han sido encuentros

reales, otros muchísimos encuentros emocionales. Por el lado de mi mamá, soy la cuarta generación de predicador, y, por el lado de mi
papá, tercera generación. Le he preguntado en
varias ocasiones a mi mamá que si no nací en
la banca de alguna iglesia por ahí, pero me
asegura que no. El hecho es que crecí, desde
muy pequeño, dentro de la iglesia, estando en
familia de ministros. En mi casa siempre había
gente de iglesia, de la obra, miembros de las
diferentes congregaciones que mis papás estaban levantando en aquellos años. (Mi madre al
enviudar contrajo nuevas nupcias y yo desde
muy niño llamé papá a su esposo.) Por algún
tiempo, en los años de mi adolescencia, acom-
pañaba a mi papá a los pueblos y «ranchos», a
donde él iba a predicar y a ver a los hermanos
de las congregaciones que el Señor le permitió
levantar en esos sitios. Casi todas las noches
me encontraba en alguna reunión, en un lugar
distinto. Lo que quiero decirles es esto: he visto
suceder, al ir creciendo, muchas cosas en las
reuniones, y también después de 12 años en el
ministerio a tiempo completo. Desde que tengo
uso de razón he estado en reuniones viendo
cómo la gente responde al evangelio, y observan-
do sus reacciones ante la presencia de Dios. He
visto a muchísimas personas tener «encuentros»
con Dios, una gran parte de esos «encuentros»
han sido nada más que un derramamiento de
emociones, otros han sido encuentros reales. Una
de las pruebas contundentes de que un hombre

o una mujer ha tenido un encuentro con Dios
es el cambio que el mismo produce en sus vidas. ¿Cuántos no hemos visto (y quizá, hasta
nos ha sucedido a nosotros) las personas ir hacia delante («el altar»), derramar lágrimas, orar
por largo rato, y hacer toda clase de demostraciones de estar teniendo algún tipo de encuentro con Dios, y sin embargo, se levantan de
esos lugares, regresan a sus hogares, para nunca cambiar y seguir siendo iguales a como eran.
Ningún cambio. Me atrevo a decir que estas personas no han tenido un encuentro REAL, quizá
han tenido un encuentro emocional. Pero un
encuentro emocional no cambiará su vida; un
encuentro real, sí.

Recuerdo algunos hombres de la Biblia que
tuvieron encuentros con Dios. Jacob era un joven que amaba las cosas de Dios, más que su
hermano Esaú. Su nombre significa «suplanta-
dor», que quiere decir «ocupar el lugar de
otro». En esta vida hay muchos «suplantado-
res», personas que quieren salir adelante a cos-
tas de otros. En México, tenemos una palabra
más moderna que significa lo mismo: «tranza».
Uno que siempre está jugando sucio con los
demás para sacar algún provecho personal.
Pues ésta es la historia de Jacob el «suplanta-
dor». Un día le juega un truco a su hermano
que le crea un gran problema. Creo que todos
hemos leído la historia, y si no la ha leído se
encuentra en Génesis capítulos 25 hasta el 33.
Teniendo que huir de su casa, se va a la casa

de un tío llamado Labán, que resulta ser tal para cual, porque el tío era más tremendo que Jacob, en cuanto a trucos se refiere. Después de varias lecciones muy difíciles, como la de trabajar por siete años para poderse casar con una de las hijas de Labán, éste le da a la hermana, y Jacob no se da por enterado hasta el día siguiente que ¡se había casado con la mujer equivocada! Años y muchas «suplantadas» después (de ambos), Jacob decide regresar a su tierra. En el camino, ya un hombre próspero y bendecido, con muchos sirvientes, ganado, etc... le alcanzan para decirle que su hermano viene a su encuentro y que trae consigo a 400 hombres. Iba a cobrarse la jugada que le había hecho su hermano menor hacía muchos años atrás. En ese instante, Jacob se da cuenta de una cosa: necesita a Dios. Es increíble ver cómo el Señor, muchas veces, tiene que permitir que sucedan ciertas cosas en nuestras vidas para que reconozcamos que sin Él, nada somos, y que nos hace mucha falta Su ayuda. Lo mismo le sucedió a Jacob. En el capítulo 32 de Génesis, Jacob tiene un encuentro real con Dios. Toda la noche lucha con el ángel de Jehová hasta el amanecer, y le dice que no lo soltará hasta no tener su bendición. Al fin el «varón» lo bendice, no sin antes hacer dos cosas: 1) Le cambia el nombre de Jacob a Israel. «Israel» significa «el que lucha con Dios». El «varón» le dice: «Has luchado con Dios, y has vencido». ¡Qué increíble! Desde ese día en adelante, su nombre quedó como testimonio de que había tenido un encuentro real con Dios. 2) Le hiere en la cadera. Me puedo imaginar que cuando iba de regreso al campamento, después de esa noche tan histórica en su vida, entró cojeando y le preguntan: «Jacob...» a lo cual él rápidamente les responde: «Ya no me llamo Jacob, sino Israel: El que lucha con Dios». Le siguen preguntando: «Israel, ¿por qué estás cojeando?», a lo cual él respondió: «Tuve un encuentro con Dios». Desde ese día en adelante a cualquiera que le preguntara del porqué cojeaba, les podía decir que había tenido un encuentro con Dios. Fíjese en lo que le voy a decir: cuando nosotros tenemos un encuentro REAL con Dios, ¡HASTA NUESTRA MANERA DE CAMINAR CAMBIA!

En el verso 29 de Génesis 32, Jacob le pregunta por su nombre al «varón» con el que está luchando, y le contesta solamente: «¿Por qué me preguntas por mi nombre?», y lo bendijo. Esto nos indica que Jacob estuvo realmente en la presencia de Dios Todopoderoso, porque, inclusive, el nombre que le pone al lugar es «Peniel» que significa «El rostro de Dios». Entonces Jacob, o más bien Israel, exclama: «Vi a Dios, cara a cara, Y FUE LIBRADA MI ALMA». ¿No se escuchan similares estas palabras a las que habla el profeta Isaías en el capítulo 6 de ese libro? Hay sólo una cosa que me tiene intrigado hasta la fecha. Anteriormente, Jacob había tenido otra experiencia muy interesante con Dios, pero que no cambió su manera de vivir: en Bet-el rumbo a la tierra de Labán cuando huía de su casa. Tuvo un hermoso sueño e inclusive una palabra de promesa por parte de Dios, pero no fue igual ese encuentro al que tiene en Peniel, porque después de Peniel, vemos a otro Jacob totalmente diferente. Es un Jacob más espiritual, conoce más de Dios, lo vemos como un patriarca de la fe, seguro, estable, todo lo que no fue antes de Peniel. Creo que ésta es una gran lección para nosotros acerca de la necesidad de tener una experiencia real con Dios. Las experiencias emocionales quizá sirven de algo, porque en Bet-el él hizo algún tipo de compromiso con Dios, pero lo que lo transforma totalmente es el encuentro que tiene en Peniel.

«Vi yo al Señor». Hay una necesidad en nuestras vidas de poder declarar esta verdad. No hay otra manera de declararla sin tener un encuentro real con Dios. Es tiempo de dejar de jugar a la «iglesita» y ponernos en serio con el Señor. Es tiempo de dejar de estar preocupados por lo que va a suceder a nuestro alrededor, y dejar de estar hablando acerca de todo lo malo que está pasando, y entrar en el santuario del Señor para hacer como dijo David: «[...] para inquirir [averiguar, investigar] en tu templo[...]» (Salmo 27.4b). Si nos tomáramos más tiempo de hacer lo que hacían David e Isaías, podríamos estar más cerca a poder decir: «Vi yo al Señor». Pero como somos más propensos a buscar las soluciones por otro lado y a andar comentándonos los unos a los otros todos los últimos acontecimientos («supiste que murió el rey Uzías... y de lepra»), tenemos una ceguera espiritual tan profunda y es hora de ir aprendiendo de Su palabra que necesitamos echar a un lado todas esas maneras de hacer las cosas y meternos al santuario para tener un encuentro con el Señor. Especialmente hoy en día cuando el mundo está pasando por una inestabilidad tan grande y la gran mayoría de la gente ya ni cree en nada ni en nadie, el Cuerpo de Cristo necesita poder ofrecer soluciones a las cosas que están sucediendo, pero no las tendremos a menos de que entremos a Su presencia, «inquiramos» en Su templo, y tengamos un encuentro real con Él, que cambie nuestras vidas de tal manera que sea un testimonio al mundo de que Dios es Real.

La ceguera espiritual es algo que nos agobia a todos. Es indispensable pedirle al Señor que nos abra los ojos para poder verlo a Él. El Apóstol Pablo escribe a los Efesios diciendo: «[...] haciendo memoria de vosotros en mis oraciones para que el Dios de nuestro Señor Jesucristo[...] [alumbre] los ojos de vuestro entendimiento[...]» (Efesios 1.16-18). Pablo sabía que uno de los grandes problemas existentes en la iglesia es el asunto de no ver en el espíritu lo que está sucediendo a nuestro alrededor. Eliseo tuvo un problema similar con uno de sus siervos y ora: «[...] Te ruego, oh Jehová, que abras sus ojos para que vea[...]» (2 Reyes 6.17). Uno de los motivos que la iglesia de hoy está, en muchos sentidos, sin poder, sin dirección y con un débil testimonio, es porque no podemos decir como Isaías: «Vi yo al Señor». Nos encontramos tratando de solucionar todos los problemas de la iglesia desde un punto de vista secular, humano, en lugar de estar acudiendo a Su presencia para «inquirir» de Él y de conocer cual será Su dirección en alguna cosa. Es tiempo que le pidamos al Señor que nos abra los ojos del entendimiento y que podamos verlo, y de esta manera ser cambiados a Su imagen y semejanza. Quizá entonces podremos hacer las cosas como Él las hace.

«... Ay de mí...»

No sé qué hubiera dicho usted en una situación similar a la de Isaías, pero creo que posiblemente hubiera sido igual: «Ay de mí, que soy muerto». Como ya hemos venido hablando en los anteriores capítulos, creo que esta es una de las razones por las que hay muy pocos verdaderos adoradores. Cuando nos atrevemos a entrar a Su presencia y contemplarlo, y lo vemos en toda Su gloria, en toda Su magnificencia, en toda Su majestad, belleza, pureza, santidad, justicia y perfección, somos confrontados con la triste realidad de nuestra situación: ¡somos todo lo contrario!

A la luz de Su presencia, podemos ver todas las cosas de nuestras vidas que no van de acuerdo a Su deseo y propósito para nosotros.

De pronto somos confrontados con esta realidad que nos lleva a realizar el cambio que necesitamos. Muchos no quieren pagar ese precio.

¿Cuántas veces ha estado usted en un lugar donde la iluminación es pobre y se ve muy poco? Quizá en algún restaurante donde, por motivos de «ambiente», las luces son bajas. Parece imposible, pero sucede a cada rato que cuando estamos en un sitio de esos la comida se nos cae en la ropa. Sobre todo a quienes usamos corbatas. Parece que las corbatas son imanes para la comida. Usted puede estar del otro lado de la mesa y de alguna manera su comida o la mía, si no la de los dos, va a terminar en mi corbata. Al estar en ese lugar de poca luz, tomo una servilleta y me la «limpio» según yo, y después de observarla a la poca luz que hay, puedo decir: «Bueno, ya arreglé este problema. Quedó más o menos limpia». Después, me levanto para ir al baño, donde la luz es más fuerte que la del comedor, y me doy cuenta que en realidad el problema no ha sido arreglado, sino que sigue allí. Entonces tomo un toallita, la mojo, y me doy a la tarea de «limpiar» mi corbata; y a la luz que hay en el baño, puedo decir: «Ya todo está arreglado». Pasa un ratito, pagamos la cuenta y salimos al sol del mediodía... miro mi corbata... ¿qué cree? ¡No está arreglado en lo más mínimo el problema! Y entonces me doy cuenta que es un asunto grave. No está sólo la mancha original, sino todas las otras manchas que le agregué por tratar de «arreglar» el problema con las servilletas y el agua. Lo único que hice realmente fue extender toda la mancha por un área de la corbata, y en lugar de que el problema esté concentrado en un lugarcito, ahora está por todos lados. Sólo entonces me he dado cuenta que las «soluciones» rápidas no han ayudado sino que han perjudicado, y necesito hacer lo que hubiera hecho desde un principio: mandarla a la tintorería.

Lo mismo sucede cuando estamos delante del Señor, ante Su luz admirable. Si tratamos de medir las cosas a la luz terrenal, mundanal, nunca terminaremos con el problema del pecado en nuestras vidas. Es necesario entrar a Su presencia y dejar que Su luz brille en nuestras vidas para que nos muestre todas las cosas que están mal y permitir que Él las vaya cambiando. Esto fue lo que le sucedió a Isaías. En lugar de ponerse a comentar acerca de los cambios que iban a suceder en el Reino, y en lugar de recaudar opiniones de todo el pueblo con respecto a lo que pensaban que el rey había muerto por la mano de Dios, el profeta entendía que solamente entrando en la presencia de Dios podía él tener las respuestas, y que el juicio de Dios tenía que empezar primero, antes de poder continuar con lo siguiente. Encontramos a mucha gente tratando de esquivar la presencia de Dios, porque sabemos que a Su luz vamos a ver muchas cosas desagradables en nuestras vidas que necesitan ser cambiadas. Es por esto que hay pocos verdaderos adoradores.

«Ay de mí, que soy muerto» también es una exclamación de humillación ante el gran Rey. Creo que al gritar estas palabras, Isaías no las había premeditado ni nada por el estilo, sino que eran un clamor que salió desde la profundidad de su ser sabiendo que en cualquier momento él estaba expuesto a la posibilidad de que Dios lo fulminara por el pecado que había en su vida. Puede ser que gritó estas palabras para ver si alcanzaba misericordia, porque inmediatamente después, confiesa su pecado, en reconocimiento total de que necesita cambiar. El hombre o la mujer que conoce la presencia del Señor es una persona que sabe confesar rápidamente su error y pedir misericordia. El testarudo y el obstinado es el que dice que todo está bien y que no necesita a nadie. El entrar a la presencia de Dios en adoración nos hace personas sensibles, abiertas y vulnerables. Estos son aspectos que caracterizan al verdadero adorador. No son personas orgullosas, «sabelotodo» y necias. Su corazón ha sido moldeado por la grandeza de la majestad del Dios Todopoderoso.

El libro 2 Crónicas dice en 7.14: «Si se humillare mi pueblo, sobre el cual mi nombre es invocado, y oraren, y buscaren mi rostro, y se convirtieren de sus malos caminos; entonces oiré desde los cielos, y perdonaré sus pecados, y sanaré su tierra». Nótese que no dice «si los pueblos de la tierra», sino que dice «si MI pueblo...» Nosotros como pueblo del Señor necesitamos reconocer los pecados que ha habido entre nosotros, entrar a Su presencia para que Él nos los revele y permitir que nos limpie de esos pecados para que Él pueda sanar nuestra tierra. Creo que esta es una de las razones por las que muchas de nuestras «tierras» no han sido sanadas, porque el pueblo del Señor está más interesado en cantar sus preciosos cantos, y tocar su hermosa música —cosas que no tienen nada de malo en sí— pero no han querido ponerse sobre su rostro y humillarse ante el Rey de reyes y permitir que Él toque esas áreas de nuestra vida que necesitan el cambio que sólo Él puede traer. ¿Habrá personas que estén dispuestas a decir: «Ay de mí, que soy muerto» como resultado de haber entrado a Su presencia y de haberlo visto? ¿Habrá quienes dejen de comentar con todos los que le rodean acerca de los cambios que han venido al reino (terrenal o celestial) y se introduzcan al santuario del Señor para que Su luz brille en sus vidas permitiendo que les muestre todas las cosas que necesitan de Su cambio?

«... Y voló hacia mí uno de los serafines...»

Después de reconocer que tiene un problema empieza el siguiente paso, que viene siendo el paso más doloroso en todo este encuentro: el proceso de la purificación. Antes de poder ser usados por Dios, es necesario pasar por este proceso. La Biblia nos habla muchas veces acerca de esto, y nos invita a que no nos impacientemos, ya que la obra del Señor se hará completa y perfecta en nuestras vidas, si podemos «ver» el cuadro global de lo que Él está haciendo. Muchos nos «desesperamos» con el proceso de Dios y queremos que se apresure en su trato, pero es necesario pasar por este proceso antes de seguir adelante.

Puedo imaginarme a Isaías cuando se le viene acercando el serafín. Ha de haber estado pensado: «¿Que irá a hacer ese serafín con ese carbón encendido?» Al írsele acercando, lo más probable es que se fue dando cuenta de qué es lo que iba a suceder: iba a ponérselo a él. En este momento Isaías tiene dos opciones: 1) cooperar con el mover de Dios en su vida para este momento, y permitir que el serafín haga lo que vaya a hacer, ó 2) terminar el proceso, bruscamente (como lo hemos hecho tantas veces nosotros, justo cuando el Señor quiere arreglar ciertas cosas en nuestras vidas) levantándose de ahí, y diciendo: «Bueno, Señor, pues, creo que necesito ir a ministrarle a uno de TUS HIJOS que, de seguro, está necesitándome ahorita», y rápidamente, antes de que le alcance ese malvado serafín, salió corriendo de la presencia del Señor. «Y todo iba tan bien, hasta que se le ocurre a ese serafín arruinar las cosas.» Pero no... Isaías escoge la primera opción, porque no como muchos de nosotros, él está en serio con lo que está pasando.

Los cristianos actuales somos muy buenos para cantar. Cantamos tantos cantos tan preciosos y verdaderos. Pero la mayoría de nosotros no vivimos lo que cantamos porque se refleja en nuestro estilo de vida. Por ejemplo: ¿cuántos no hemos cantado «Renuévame, Señor Jesús. Ya no quiero ser igual... pon en mí Tu corazón...?» Si ha habido un canto que ha dado la vuelta al globo ha sido «Renuévame». Sin embargo, ¿estaremos en serio? Porque muchas veces el Señor ha querido empezar en nosotros un proceso de renovación y no se lo hemos permitido. Otro canto, «De gloria en gloria te veo... mi Dios cual buen alfarero, quebrántame, transfórmame, moldéame a Tu imagen, Señor... quiero ser más como tú...» y tantas otras cosas bonitas que le decimos en ese canto. De pronto, un buen día al Señor se le ocurre tomarnos la palabra y nos va a moldear.

Una excavadora es una máquina muy grande que tiene una gran pala adelante para nivelar las cosas y unas garras (como tenedor) en la parte de atrás para escarbar. Estamos en la reunión cantando «Renuévame, Señor Jesús. Ya no quiero ser igual. Renuéva....... Señor, ¿qué es esa cosa que viene ahí?» El Señor te contesta: «Es una excavadora». Nosotros «Ah. ¿Y... qué vas a hacer con esa cosa?» El Señor: «Bueno, pues te voy a renovar». Nosotros: «¡Ah! ¿Con esa máquina?» El Señor: «Sí. Con esta máquina». Nosotros: «Señor, ¿no crees que es un poco drástico lo que estás haciendo?» El Señor: «¿Por qué lo preguntas, hijito?» Nosotros: «Bueno, es que esa pala que está adelante es muy grande y no creo que yo tenga TANTO pecado». El Señor: «Pero sí tienes mucho tiempo diciéndome "renuévame, quebrántame, moldéame" y todas esas cosas, entonces traje esta máquina para que de una vez por todas, arreglemos todo lo que hay que arreglar». Nosotros: «Pero Señor, si sólo son cantos... Cómo te tomas las cosas en serio, ¡qué barbaridad! Si así cantamos en nuestra iglesia... nada más». Se oye el sonido de la máquina... Nosotros: «¿Señor, a poco me tomaste en serio con esos cantos?» El Señor: «Sí...» La máquina: «Ruuuuun». Nosotros: «Ayyyyyy, pero duele Señor». El Señor: «Sí, ya sé. Por eso te he dado mi palabra. Escucha esto: "Nunca te dejaré, y nunca te desampararé (Hebreos 13.5)" Y esto: "No os ha sobrevenido ninguna tentación que no sea humana; pero fiel es Dios, que no os dejará ser tentados más de lo que podéis resistir, sino que dará también juntamente con la tentación la salida, para que podáis soportar" (1 Corintios 10.13)». Nosotros: «... ayyyyyyy...»

Después de esto, miramos y la máquina sigue arriba, pero no sentimos nada: «Señor, ¿qué sucede, ya se acabó todo?» El Señor: «Tranquilo, todavía hay más». Nosotros: «Ah, se me olvidaban ¡las garras!» El Señor: «Exactamente. Necesitamos ir a la raíz de todo esto y sacarla para que nunca vuelva a surgir ya más esta mata en tu vida.» Nosotros: «...aaayyy...» Y he ahí el resultado de haber cantado cantos «peligrosos». Algún día Dios te va a tomar en serio con respecto a esos cantos que tantas veces has cantado, así que si quieres ser un verdadero adorador, necesitas pasar por el proceso de la purificación. ¡No le huyas!

Uno de los hombres de la Biblia que más nos enseña con respecto al proceso de la purificación es Pablo. Nunca dejo de estar maravillado al leer sus escritos respecto a los «problemas» que él pasó. Considere esto:

> Porque esta *leve* tribulación *momentánea* produce en nosotros un cada vez más excelente y eterno peso de gloria.
>
> 2 Corintios 4.17,18

Al leer las palabras «leves» y «momentáneas», mis ojos casi no pueden creer lo que están leyendo, porque Pablo pasó por unas cosas que usted y yo nunca hemos pasado. Veamos sólo algunas de las «leves y momentáneas» tribulaciones que vivió:

— azotes sin número
— cárceles (muchas veces)
— peligros de muerte muchas veces
— cinco veces azotado por los judíos con 39 azotes (39x5=195 latigazos en la espalda)
— tres veces azotado con varas
— una vez apedreado

— tres veces padeció naufragio
— una noche y un día de náufrago en alta mar (2 Corintios 11.23-28)

Esta es parte de la lista de «leves y momentáneas» tribulaciones que tuvo que experimentar el apóstol Pablo para tener un «cada vez más excelente peso de la gloria» del Señor. Él estaba dispuesto a lo que fuera «... a fin de conocerle, y el poder de su resurrección, y la participación de sus padecimientos, llegando a ser semejante a Él en su muerte» (Filipenses 3.10). El apóstol quiere llegar a ser como Cristo, dispuesto a conocer la «participación de sus padecimientos», dispuesto a enfrentar hasta la muerte, con tal de experimentar la resurrección (Filipenses 3.11).

Hasta el momento no recuerdo a alguien que se haya acercado para decirme: «Marcos, quiero ser como Cristo y estoy dispuesto a que Él me someta a cualquier clase de prueba con tal de conocerle». No existen personas de esa naturaleza porque todo mundo está buscando la manera de deshacerse de sus «problemas», no tener más. Sin embargo, Pablo nos dice que no importa todas las cosas adversas que hayan pasado, pues TODAS HAN SERVIDO para producir un «cada vez más excelente y eterno peso de gloria». ¡Qué increíble! El puede entender que todas esas cosas realmente sirven para algo: producir la gloria de Cristo en nuestras vidas. Podemos estar confiados en la verdad de que el Señor está obrando todas las cosas para bien en nuestras vidas (véase Romanos 8.28), a pesar de que en el momento de la tribulación estemos pasando por situaciones muy difíciles de entender y soportar. Si sólo pudiésemos tener la visión que tuvo el apóstol Pablo al escribir que eran «leves y momentáneas» tribulaciones, el proceso de la purificación tendría mayor significado para nuestra vida. Necesitamos pedirle al Señor que nos dé la gracia para entender que la purificación no es algo que Él hace porque está enojado con nosotros o porque nos está castigando, sino porque está produciendo en nosotros un «cada vez más excelente y eterno peso de gloria».

Anteriormente dije la frase «ver el cuadro global de lo que el Señor está queriendo hacer». Permítame profundizar en el pensamiento. Por estar viendo solamente lo que sucede «ahorita... en este momento», se nos escapa la oportunidad de tratar de ver las cosas como las ve el Señor: globalmente. Recuerde que Él puede ver el antes y el después. Nosotros sólo vemos el antes y el ahora y lo que más nos afecta es el «ahora», porque es lo que estamos viviendo en este momento. La humanidad es muy dada a lamentar su presente sin pensar que posiblemente lo que le sucede ahora tendrá un efecto muy positivo después. El Señor ve todas esas cosas y es por eso que permite que pasen muchas cosas con el fin de prepararnos para el después. Al tener «visión global» podemos descansar y confiar en que el Señor está obrando todo para nuestro bien. Una de las definiciones que más me gusta de la palabra «confianza» es «sentimiento de seguridad». Cuando tenemos visión global, podemos estar totalmente seguros de que Él está obrando en beneficio nuestro por medio de estas «leves y momentáneas tribulaciones».

«...Después, oí la voz del Señor...»

Me intriga el hecho de que este versículo empiece con la palabra «después», probablemente dando a entender que era necesario pasar por el proceso de la purificación ANTES de poder tener la sensibilidad de escuchar la voz del Señor. Creo que esto es muy significativo, ya que muchos estamos queriendo escuchar la voz y saber la dirección del Señor para nuestras vidas. Definitivamente no creo que el Señor haya dejado de hablar. El Señor siempre está hablando, y si no creemos esto, no tendremos mucha esperanza para nuestro mundo, pero porque sabemos que Él constantemente está hablando, seguimos necesitando y deseando escuchar Su voz. Isaías nos da a entender que el problema no es que el Señor deje de hablar, sino que nosotros estamos escuchando tantas otras cosas que no le podemos oír. Creo que continuamente el Señor nos está hablando con respecto a nuestras familias, iglesias, nuestros trabajos, vecinos, países, en fin, de todo. Estoy seguro que Él tiene la solución a todos los problemas y/o desafíos que cada uno de nosotros estamos viviendo. El problema no es Él, somos nosotros. ¡No podemos oír! Tenemos los oídos tan llenos de tantas otras cosas que se nos dificulta tener la sensibilidad para oírle. Como aquel hombre que andaba por la calle con un plátano (banana) en el oído. Otro caballero lo vio y se dijo: «Voy a decirle a ese señor que tiene un plátano en el oído». Se acerca al señor y le dice: «Disculpe caballero, sólo quería decirle que tiene usted un plátano en el oído». El otro le contesta: «¿Perdón?» El primer señor: «Sólo con la molestia de decirle que tiene un plátano en su oído» le dice con la voz un poco más fuerte. El señor del plátano: «¿Mande?» A estas alturas el primer señor ya le está hablando en voz muy fuerte: «Sentía la inquietud de decirle que usted tiene un plátano en su oído. Necesita arreglar esto». El señor del plátano: «Perdone caballero, pero usted tendrá que hablar mucho más fuerte, porque ¡tengo un plátano en el oído!» Así estamos muchos de nosotros: «Señor, necesito que hables más fuerte porque hay muchas otras cosas que tengo que estar escuchando». Lo que deberíamos hacer es someternos al proceso purificador para que el Señor limpie nuestros oídos espirituales de todas esas otras voces para que sólo podamos escuchar Su voz.

La radio y la televisión y otros medios de comunicación trabajan sobre frecuencias. Ciertas frecuencias se asignan a la radio y otras a la televisión y, para poder escuchar o ver nuestro programa favorito, tenemos que «sintonizar» la frecuencia en la que se transmite dicho programa. Cuando cambiamos el dial, por ejemplo, estamos sintonizando otra frecuencia. De esa manera, en el aire hay muchas cosas que se están diciendo y viendo en cualquier momento dado, pero lo que usted ve o escucha es solamente aquella frecuencia que ha sintonizado. Lo mismo con es con el Espíritu Santo... Necesitamos cambiar de frecuencia y dejar de estar escuchando tantas de las otras cosas que se están diciendo, y «sintonizar» la frecuencia del Espíritu Santo.

Muchos jóvenes y muchas señoritas se me acercan para decirme: «Marcos, no tengo dirección en mi vida. No estoy seguro de lo que el Señor quiere que yo haga. ¿Qué me aconseja?» Creo que si no tenemos dirección clara y específica, es probable que no hemos estado en Su presencia, contemplando Su hermosura («vi yo al Señor»), permitiendo que su carbón encendido queme todos los pensamientos contrarios a Su voluntad en nuestra mente y en nuestro corazón para que, de esta manera, podamos «sintonizar» la frecuencia de Su voz y escuchar cuál es Su voluntad para nuestras vidas. Hay una sola manera de saber la dirección del Señor y conocer Sus instrucciones: estando en Su presencia escuchándolo a Él.

Como una pequeña nota interesante quiero llamarles la atención a lo que el Señor está diciendo: «¿A quién enviaré, y quién irá por no sotros?» Por demasiado tiempo en la iglesia se enfatizaba que la razón principal de nuestra existencia aquí en la tierra era para salvar almas perdidas. Sin restarle la importancia que tiene el salvar almas quiero atreverme a decirle que esa NO ES la razón de nuestra existencia. Como lo hemos venido diciendo existimos «para Él» (Isaías 43.21; Colosenses 1.16; Efesios 1.6), para tener una relación con Él. El **resultado** de estar con Él es que empezamos a conocer el clamor de su corazón: «¿A quién enviaré, y quién irá por nosotros?» Él desea alcanzar a los perdidos pero desea tener la oportunidad de decírtelo directamente y de poderte dar órdenes e instrucciones específicas al respecto de tu tarea (como veremos que lo hace en el versículo 9). Creo que a veces tenemos la carreta delante del caballo, en otras palabras las cosas están al revés. En lugar de estar pasando tiempo en Su presencia recibiendo instrucciones y conociendo Su corazón, estamos adelantándonos al juego y saliendo para «hacer» las obras del Señor, y bajo ese título podemos encontrar mil versos para apoyar nuestro activismo. Seguramente Él quiere que estemos activos en Su obra, pero cuando pasamos tiempo en Su presencia, nos da poder para hacer la obra, nos da claridad de visión y propósito, nos da los instrumentos adecuados para llevar a cabo la obra (los dones) y nos da la fuerza para poder hacer un buen trabajo (Isaías 40.31).

«... Entonces respondí yo...»

Cuando uno ha conocido la voz del Señor, su reacción a esa voz es inmediata y segura: «Heme aquí». Esta es otra de las características de una persona que conoce la presencia del Señor como la experimentó en esta ocasión el profeta. No hay un solo momento de titubeo ni de vacilar entre sí o no. Sólo encontramos una respuesta inmediata y positiva. Aquí necesitamos detenernos un momento y reflexionar un poco.

¿Por qué somos tantos los cristianos que al saber la dirección del Señor para nuestras vidas no respondemos inmediatamente en lo afirmativo? Nos tomamos el tiempo, nos tardamos y a nuestra conveniencia respondemos si es que «nos nace». Tantas veces que el Señor ha querido usarnos, pero como ni nos tomamos el tiempo para «ver al Señor» sentado sobre un trono alto y sublime, mucho menos podemos reconocer nuestros errores («ay de mí»), para permitir que el proceso de purificación comience en nuestras vidas, destapando de esta manera nuestros oídos para escuchar la voz clara y concisa del Señor, resultando en que nos tiene que pasar por alto y buscar a otra persona que sí le ponga atención, para usarla a ella.

Escuchemos de nuevo al salmista David: «Mi corazón está dispuesto, oh Dios;» Y también: «Pronto está mi corazón, oh Dios, mi corazón está dispuesto» (Salmos 108.1 y 57.7 respectivamente). La palabra en hebreo tiene la connota-

ción de algo preparado, establecido, siempre
listo y dispuesto. Así debe ser cada persona
que conoce la presencia del Señor, una persona
a quien no se le tiene que pedir las cosas dos
veces, sino que está listo «en tiempo» (cuando
está preparado) y «fuera de tiempo» (cuando
no está preparado) (2 Timoteo 4.2). Una de las
maneras como podemos medir si somos gentes
que respondemos rápidamente al Señor, o no,
es por medio de ver cómo respondemos a las
personas que ha puesto a nuestro alrededor.
¿Cuántas veces se necesitan voluntarios para alguna cosa y nunca se encuentran porque todos
están tratando de decidir si responden o no a
la petición? Si usted no le responde rápidamente a sus pastores y líderes (a quienes podemos
ver), ¿cómo pensamos que responderemos rápidamente al Señor (a quien no podemos ver)?
Sería muy buena idea verificar nuestro nivel de
rapidez de respuesta, ya que esto nos podría
dar una pista de que si estamos o no caminando rumbo a ser verdaderos adoradores. En
nuestras congregaciones no debería existir una
falta de voluntarios (a menos que, como en algunos casos, se esté abusando de la confianza
de los hermanos), sino al contrario, debería
existir una abundancia de personas listas y dispuestas a trabajar para el Señor en algo. Creo
que la razón de que haya una escasez de personas que respondan rápidamente es la misma
del porqué el Padre sigue en busca de verdaderos adoradores.

La respuesta rápida de Isaías fue: «...envíame a mí...» Esto también es característico de la persona que ha estado con el Señor: no se atreve a pensar en que Dios use a cualquier otra persona, sino quiere que el Señor lo use a él/ella. Aquellas personas que dicen: «Heme aquí, Señor, envíalo a él», rápidamente comprometiendo al hermano (cosa muy fácil de hacer), obviamente no han estado realmente en Su presencia, porque no se querrán perder de la maravillosa oportunidad de ser usados por Dios, no importa el precio. Hablando de precios, sólo recuerde que a estas alturas esta persona ya pagó un precio alto al pasar por el proceso de la purificación, así que me puedo imaginar que al responder: «Heme aquí», el asunto de precios ya está resuelto. Por lo tanto, es fácil, casi automático responder: «Envíame a mí», porque no le va asustar ni sorprender la respuesta: se ha desarrollado una relación, se puede confiar (sentimiento de seguridad) en que la tarea que el Señor le asignará será algo emocionante, desafiante y totalmente vigorizante. ¡No se lo querría perder por nada del mundo! Esto es lo triste de la gente que no desarrolla esta clase de relación con Dios: pierden miles de ocasiones para que el Señor les use. ¡Con razón hay tanto cristiano aburrido, cansado y hasta tedioso! ¡No ha entrado en el templo para ver al Señor, y causar todo el efecto que esto produce de tal manera que llegue a ser una persona que responda, dinámica y entusiastamente en la obra del Señor!

«... y dijo...»

¡Aquí está!, finalmente. Lo que muchos quieren desde un principio, sin tener que pasar por todo lo anterior que hemos venido hablando: la tarea a desarrollar. Todos, al parecer, nos preocupamos más por la tarea («¿En qué me usará el Señor?, ¿cual será mi ministerio?», etc...) que en el Dios que reparte las tareas. Tenemos una sed tan grande de «ser usados», quién sabe cuáles sean las motivaciones, que muchas veces nos encontramos peleando por los puestos y las posiciones porque: «Ese es MI ministerio» o «Ese es MI lugar». Hallamos que en nuestro corazón se encuentra una necesidad de puesto, prestigio, reconocimiento y la mejor manera de adquirir estas cosas es «haciendo» las tareas que el Señor reparte. ¡Qué tan equivocados estamos! Dice el apóstol Pablo escribiendo a los Corintios: «...de buena gana me gloriaré más bien en mis debilidades, para que repose sobre mí el poder de Cristo.» (2 Corintios 12.9). También: «Porque, ¿quién te distingue?, ¿o qué tienes que no hayas recibido? Y si lo recibiste, ¿por qué te glorías como si no lo hubieras recibido?» (1 Corintios 4.7). Palabras fuertes, comprometedoras. Nunca debemos caer en el error de pensar que las «tareas» que hacemos para el Señor son más importantes que Él mismo. Nuestra primera prioridad es de estar con Él, conocerle a Él, y el resultado de esto es el reconocer nuestro error («ay de mí»), pasar por el proceso de la purificación, escuchar la voz de Dios, responder rápidamente, y AL FIN recibir la tarea que nos quiere encomendar.

Creo que el patrón que acabamos de ver es algo que podemos vivir a diario de alguna manera. Si nos interesa hacer la voluntad del Señor, necesitamos entrar en el santuario y «ver al Señor» para que esto pueda llevarnos a «hacer» lo que Él está queriendo que hagamos. Pongamos el caballo donde debe estar: en frente de la carreta. Lo primero es lo primero, y lo primero que necesitamos en nuestras vidas para ser verdaderos adoradores es comprometernos a «estar» con el Señor en lugar de tratar de «hacer» para el Señor. ¿Habrá quienes quieran hacer este compromiso?

LA IMPORTANCIA DE ALABAR Y ADORAR

*H*EMOS visto muchas cosas que nos hacen saber la importancia que tiene la alabanza y la adoración en nuestras vidas. A estas alturas, espero que el Señor haya creado un gran deseo en su corazón de ser un verdadero adorador, y que usted ya tenga tomadas algunas decisiones con ese fin. Uno de los pasajes que más ha impactado mi vida, en cuanto a reconocer la gran importancia que tiene en nuestras vidas mantenernos siempre en un estado de agradecimiento, alabanza y adoración, es Romanos capítulo 1. Vamos a tomar el tiempo y verlo detenidamente.

Todos conocen a Dios

En el Salmo 14.1 se lee lo siguiente: «Dice el necio en su corazón: No hay Dios». Lo repite en el Salmo 53.1: «Dice el necio en su corazón: No hay Dios». Esto se puede corroborar en los versos 18 al 21 de Romanos 1. Veámoslo:

Porque la ira de Dios se revela desde el cielo contra toda impiedad e injusticia de los hombres que detienen con injusticia la verdad; porque lo que de Dios se conoce les es manifiesto, pues Dios se lo manifestó. Porque las cosas invisibles de Él, su eterno poder y deidad, se hacen claramente visibles desde la creación del mundo, siendo entendidas por medio de las cosas hechas, de modo que no tienen excusa.

En este pasaje podemos comprobar que Dios ha puesto en cada hombre y mujer una conciencia de Su existencia, por lo que Su ira se enciende cuando detenemos con injusticia Su verdad. El lenguaje que utiliza el Señor por medio de Pablo en esta porción es enfático, no dejando lugar a dudas, «de modo que no tienen excusa». Es imposible que alguien mirara a su alrededor y viera toda la creación de Dios, observara las estrellas en el cielo, experimentara la majestuosidad del mar, escuchara el sonido del viento en los árboles de un gran bosque, disfrutara el cantar de los pajarillos y del arroyo en una selva, y todavía dijera que no hay Dios. Sólo un necio se atrevería a decir que no hay Dios, tal y como lo dice el salmo. Pablo es claro al escribir en esta ocasión que aún las cosas que no se ven con nuestros ojos naturales («las cosas invisibles de Él...») nos son reveladas por medio de las cosas que sí podemos ver: Su creación y Sus obras. Él, inclusive, para enfatizar más, da por hecho que «son entendidas», no dejando lugar a duda alguna: todos tenemos conocimiento de Dios, por lo que estamos sin excusa de vivir en lo que consiguientemente el apóstol empieza a escribir: una lista impresionante de todos los pecados que nos rodean y la manera en que llegamos a caer en ellos. Vea la lista:

— injusticia
— fornicación
— perversidad
— avaricia
— maldad
— envidia
— homicidios
— contiendas
— engaños
— malignidades
— murmuradores
— detractores
— aborrecedores de Dios
— injuriosos
— soberbios
— altivos
— inventores de males
— desobedientes a los padres
— necios
— desleales
— sin afecto natural (homosexualismo)
— implacables
— sin misericordia.

¿No le recuerda esta lista al periódico que leyó esta mañana o al programa de noticias en la televisión que vio anoche? ¿No es un cuadro perfecto de la condición exacta en la que se encuentra la sociedad? ¿Cómo fue que llegamos a estos niveles de bajeza? ¿Cómo es que el homicida haya tenido el valor, la indecencia, el descaro de quitarle la vida a su prójimo? ¿Cómo es que el fornicario pudo haberse atrevido a estar con la esposa de su mejor amigo; o el joven robarle la virginidad a una señorita en un momentito de pasión y lujuria? ¿Se fijó en el que decía «inventores de males»? ¿Cómo es posible que hayan personas que se DEDIQUEN a inventar cosas malas y feas, pasando la mayor parte de su tiempo pensando qué más pueden inventar para destruir al prójimo, traer vergüenza al ser humano, ser afrenta al Dios del universo? ¿Cómo es que reina la soberbia en el corazón del hombre? ¿Cuándo entró en su pensamiento el engaño y la malignidad? ¿Cree usted que fue algo que sucedió de la noche a la mañana? Un buen día se levantó el homicida y después de verse en el espejo, cepillarse los dientes, darse una afeitada y ponerse desodorante se dijo: «Hoy me parece que es un buen día para salir a matar a alguien». ¿Cree que así es como se hace? Una noche, sin darse cuenta dijo el adúltero: «¡Bah, terminé en la cama de la esposa de mi vecino! ¿Cómo habré llegado aquí?» ¿Cree que así es como sucede el adulterio? Una tarde llega el joven o la señorita a su casa después de haber estado en lugares donde sabe bien que sus padres le han prohibido ir. Ellos le preguntan: «¿A dónde fuiste?», y él o ella contesta con una mentira: «¡Sin querer!» ¡Totalmente fuera de su control, claro! ¿Cree usted que así es cómo se llega a ser desobedientes a los padres? ¿Cree que así es como entra la mentira y gobierna en nuestra vida? ¿Usted cree la gran mentira que nos han querido vender los «psicólogos» de que el homosexual «nació» así, de que no tiene «control» sobre sí mismo y de que así le «tocó» en la vida? ¿Será cierto que la deslealtad fue producto de un solo «encontrón» con su jefe en el trabajo, o una sola diferencia de opinión con su pastor en la iglesia y por eso se va a marchar a otro lugar donde lo «sepan valorar», no importando los votos de lealtad que había jurado hacia ese jefe o ese pastor? ¿Cómo llegó la murmuración a nuestras vidas, por pura casualidad y producto del «destino»? La respuesta a esa y todas las preguntas es: ¡CLARO QUE NO! Todas estas cosas son el PRODUCTO DE UN PROCESO. Un proceso que viene claramente explicado en este mismo capítulo, pero que muchas veces lo hemos pasado por alto totalmente. Todos sabemos que las cosas que menciona aquí el apóstol Pablo son resultado de un largo proceso en las vidas de quienes practican estas cosas. Así que, regresemos al principio y veamos cuál es ese proceso que ha arrastrado a nuestra sociedad a estos niveles de suciedad. Vamos a ver el porqué de todos estos males que existen no tan solamente afuera de la iglesia sino adentro. El día que pensemos que estas cosas no están en nuestras congregaciones, es el día que hemos caído en la más grande de las cegueras espirituales. Necesitamos reconocer que todos estamos batallando con las cosas que se encuentran en esta lista y es por eso que es de suma importancia aprender cuál es el proceso que nos lleva hacia abajo para establecer orden en nuestras vidas.

El proceso hacia abajo

1) El primer paso que se toma para caer en esos pecados horribles se encuentra en el verso 21: «Pues habiendo conocido a Dios, no le glorificaron como a Dios[...]» Ahí está. El primer paso hacia abajo es no darle gloria como a Dios. La palabra «glorificar» significa «honrar, celebrar, ensalzar, alabar. Llamar a gozar de las bienaventuranzas celestiales...» de acuerdo al diccionario Larousse. El hecho de no alabar, adorar, celebrar y dar gloria al Señor está directamente relacionado con la existencia del pecado en el mundo entero y en nuestras vidas. Al no darle gloria como a Dios estamos empezando el proceso que nos lleva hacia abajo a los niveles de pecado que vimos descritos en los versículos 29 al 31. La razón de esto es la siguiente: al darle gloria, ensalzar, adorar y celebrar al Señor, en esencia lo que estoy haciendo es reconocer Su grandeza y mi bajeza, como ya lo hemos visto en capítulos anteriores. Al ponerlo a Él sobre el trono estoy diciendo: «Señor, Tú eres todo, yo soy nada». Esto me permite mantener el enfoque de la gran necesidad que tengo de Él y de Su gracia en mi vida para que Él guarde mi pie del «resbaladero» (Salmo 121.3). Al NO hacerlo, estoy tomando el lugar que le corresponde sólo a Él y eso es muy peligroso. Muchos lo hicieron y lo están haciendo. ¿Cuál es el resultado? Lea los versículos 29 al

31 de nuevo y lo verá. Es de imprescindible importancia siempre darle gloria «como a Dios».

Esto me trae a la segunda parte de este primer paso «hacia abajo». Glorificarle como a Dios, no como alguna otra cosa. La Biblia dice que Dios es celoso (Éxodo 20.5; 34.14; Deuteronomio 4.24). Él no comparte Su gloria con nadie. No podemos glorificarle como a nadie más de quien es: Dios de toda la creación, Omnipotente Creador, el que era, el que es y el que ha de venir. No podemos glorificarle como a alguna otra deidad ni como alguna otra persona, Él es Dios y fuera de Él no hay otro Dios u otra deidad. Él es el único, verdadero y poderoso Rey de la gloria y al glorificarle necesitamos recordar todo esto para hacerlo con esa consciencia. No le glorifique como un gran maestro, o como muchos quieren hacerlo, como un «ser supremo que vive en el cosmos», sino que debemos glorificarle como a Dios, Jehová de los ejércitos que cabalga sobre los cielos en poder y gloria y que tiene en su diestra de poder un cetro eterno de justicia y equidad. No confundamos: ¡Él ES DIOS! y como a tal glorifiquémosle.

2) El segundo paso en el proceso hacia abajo es «ni le dieron gracias». ¿Se acuerda de todo lo que vimos en el capítulo número uno de este libro? ¿Se ha dado cuenta ahora, de nuevo, del porqué es tan importante, indispensable y necesario tener una vida agradecida con el Señor? Vivir de una manera en que constantemente estamos dándole las gracias por todo y en todo es una de las cosas que va a mantenernos firmes, sin caer.

El segundo paso es un resultado del primero. Si no le glorifico como a Dios, entonces se me hace muy fácil llegar a la conclusión de que no tengo que darle las gracias. ¿Por qué darle las gracias a alguien que ni tiene el control de mi vida, y que muy probablemente ni exista para mí? Esta es la manera de razonar de la persona que no ha establecido en su vida quién es Dios y qué lugar ocupa. El malagradecimiento, como lo vimos desde el inicio, es la señal que demuestra una persona que se ha alejado del Señor. Es la señal de alguien que ya ha comenzado a caer en la lista que Pablo nos escribe en los versos 29 al 31. Si usted o yo somos personas que no sabemos reconocer de quién vienen las cosas, y si no podemos recordar que Su bondad y misericordia son mucho más de lo que merecemos, entonces es muy fácil para nosotros caer en el próximo paso que lleva hacia abajo. Por eso es de vital importancia agregar a nuestro estilo de vida un espíritu de agradecimiento constante porque ello, al igual que darle gloria, nos mantiene con el enfoque correcto de que todo lo tenemos por Él, nada tenemos por nosotros mismos, todo viene de Él y podemos estar confiados en el hecho de que nos va a cuidar y proteger, porque Él está sentado sobre el trono. Él tiene el control, no nosotros.

3) Como resultado del segundo paso viene el tercero: «Se envanecieron en sus razonamientos». ¿Puede ver la secuencia tan natural que se viene formando aquí? Después de no darle gloria ni gracias, de no ponerlo sobre el trono de

nuestra vida y de nuestro corazón, de no reconocer que todas las cosas vienen por medio de Él y de que nada tenemos de nosotros mismos, es muy fácil, sencillo, casi automático caer en el pensar que nuestros razonamientos son los mejores. ¿Por qué creer en los razonamientos de un Dios que no hemos permitido reinar en nuestras vidas? ¿Por qué pensar que, si nosotros tenemos todo por el sudor de nuestra frente y por habernos «rascado con nuestras propias uñas», necesitamos de los razonamientos de un Dios, que para nosotros nunca ha sido nada, porque nunca lo hemos glorificado como a Dios ni mucho menos le hemos dado las gracias? Cuando no hemos establecido esos dos importantísimos primeros pasos en nuestras vidas, es muy fácil envanecernos en nuestros razonamientos. Empezamos a llegar a todas las conclusiones por nuestra propia cuenta. Ya no nos es útil el Señor en resolvernos los problemas porque, ahora, nosotros somos los grandes «iluminados» y con esta «iluminación» podemos solucionar todas las circunstancias de esta vida, así que... «con permiso, Señor, a un lado, ya no te necesitamos». ¿Cuántas veces no hemos estado en presencia de alguna persona que tiene los razonamientos envanecidos y piensa tener las soluciones a todos los problemas de toda la gente del mundo entero? ¿Qué reacción le produce esta clase de persona a usted? ¿Acaso no se le hace una persona algo repugnante, obstinada y una experiencia desagradable el estar en su presencia? No seamos usted y yo esta clase

de persona. ¿Cómo nos podemos cuidar de
eso? Dándole gloria y gracias al único Señor de
todo. Estableciendo estas dos bases como ele-
mentos fundamentales en nuestras vidas.

4) Después de envanecernos en nuestros razonamientos, el siguiente paso viene con mucha
facilidad: «Su necio corazón fue entenebrecido».
El envanecernos en nuestros razonamientos trajo
la necedad. «El necio ha dicho en su corazón...»
Cuando no necesitamos a Dios, ni a Su consejo,
nos volvemos necios; y la necedad trae oscuridad
al corazón. Una de las cosas más tristes en esta
vida es ver hombres y mujeres viviendo en oscuridad espiritual. Cuando, a la luz de la Palabra,
podemos saber que Cristo ha ganado una gran
victoria para cada hombre, mujer, niño, niña, joven y señorita; saber que Su sangre nos ha lim-
piado de todo pecado y que Él ofreció un solo
sacrificio para todos nosotros, y, todavía, ver personas que no han entrado en esta luz, viviendo
bajo el yugo de la esclavitud y del pecado, trae
tristeza. Todo el mundo está «sin excusa» según
el apóstol que escribe a los Romanos, pero quienes son más tristes aún son aquellas personas
que después de haber conocido la luz de Su salvación, y que han descubierto los grandes tesoros
en Su palabra, y que han experimentado algo de
la gracia redentora y la misericordia del Señor,
dejan de darle gloria, dejan de darle las gracias,
se envanecen en sus razonamientos y, como resultado, terminan en oscuridad espiritual. ¡Esto
sí que es triste! De hecho, esta es la razón por

la que se levantan tantos falsos profetas que «empezaron bien». Hombres que Dios levantó, pero que permitieron recibir la gloria para ellos mismos y no se la dieron al Señor, dándose a sí mismos un concepto más alto que el que debían tener (véase Romanos 12.3) lo cual los llevó a envanecerse en sus razonamientos, predicar cosas que no tienen base en la Palabra eterna de Dios y, de esta manera, engañar a multitudes enteras y causar desastres en el Reino. ¡Cuán importante es mantener un enfoque correcto de quién es Dios! ¡Cuán indispensable es el constantemente darle gloria como a Dios y darle gracias! No vayamos a terminar en ceguera espiritual, porque no supimos darle gloria y darle gracias. No vayamos a caer en un engaño de hombres, porque no desarrollamos una relación íntima con el Señor para que, cuando el hombre empieza a enseñarnos de sus razonamientos envanecidos, podamos nosotros conocer el corazón de Dios y desmentir todos los engaños por medio de Su palabra y por el testimonio de Su espíritu que reside en nosotros. Al darle gloria y al darle gracias, estamos fomentando esa relación con Él, permitiendo que Sus pensamientos se apoderen de los nuestros para que nunca se envanezcan llevándonos a la ceguera espiritual y finalmente a la destrucción.

5) Después de haber entrado en ceguera espiritual, tenemos que encontrar una manera de ocultar la realidad de nuestra condición espiritual así que automáticamente caemos en el paso que sigue: «Profesando ser sabios, se hicieron

necios». ¡Cuántas personas existen en esta tierra que profesan ser sabios! Lógico, después de haberse envanecido en sus razonamientos, ahora se han auto-declarado los sabios para todo el mundo, sin saber que se están haciendo cada vez más necios. Los fariseos son un perfecto ejemplo de este paso. Como eran los líderes espirituales de aquellos tiempos, había una cierta cara que tenían que darle al pueblo. Una cara de espiritualidad, de importancia y de piedad. Eran hombres que pensaban tener todas las razones y pasaban una gran parte de su tiempo maquinando preguntas capciosas para ponerle «trampa» al Señor y de esta manera, según ellos, avergonzarlo públicamente y quedar bien delante de todos. Lo que no sabían, obviamente, es que eran unos totales necios que vivían en medio de una oscuridad espiritual impresionante. ¡Cuántos fariseos aún hay entre nosotros hoy en día! Hombres y mujeres que piensan tener todas las respuestas. Personas que piensan que por su posición en el Reino o sus «años de experiencia» en el ministerio los ha llevado a un lugar de total «cauterización» con respecto a la importancia y la necesidad de ser «niños», humildes y verdaderos «siervos» (no sólo de un título que alguien les ha dado o que ellos mismos se han atribuido); de vivir una vida postrada delante del trono de Dios dándole gloria y gracias, reconociendo que sólo Él puede traer frescura, vida y dinamismo en el Espíritu («Los que esperan a Jehová...»). Pero porque se les ha ido este enfoque —y por la «experiencia» que tienen en el ministerio— se encuentran, muchas veces, llegando a las conclusiones de todos los problemas sin antes consultar al Señor, como lo hacían en los primeros días de su ministerio. Fariseos modernos: aparentan una sabiduría propia porque la vida de Cristo ya no habita en ellos, pues es el resultado de no darle gloria ni gracias; se envanecen en sus razonamientos, trayendo oscuridad espiritual, y aparentan una sabiduría falsa porque ya no tienen el poder y la fuerza del Señor en sus vidas que los conducía a la verdadera sabiduría. ¿Se ha dado cuenta de la importancia de darle gloria? ¿Ya pudo comprender la necesidad que tenemos cada uno de nosotros de darle siempre las gracias? Desde la persona que tiene un solo día de conocer al Señor, hasta aquella persona que está cumpliendo 50 años de vida ministerial. Todos tenemos que establecer la alabanza y la adoración al Señor como una base elemental en nuestras vidas cristianas si es que deseamos continuar con Su poder y con Su fuerza, con la frescura que sólo Su espíritu puede traernos.

6) El paso final en este proceso hacia abajo es el resultado de haber tomado todos los pasos anteriores. ¡Cambiaron la gloria del Dios incorruptible en semejanza de imagen de hombre corruptible! ¿Cómo es posible? ¿Quién se atreve a tocar la gloria de Dios para cambiarla? ¿Quién se atreve a tratar de decirnos que la gloria de Dios está en semejanza de «hombre

corruptible y de aves, y de cuadrúpedos y de reptiles»? Le voy a decir quién. Es más, a estas alturas, usted ya sabe quién. Dígalo conmigo: aquella persona que no le dio gloria, ni le dio gracias, sino que se envaneció en sus razonamientos; que en la oscuridad del corazón y profesando ser sabio se hizo necio, lo cual lo convenció de que era mayor que Dios y podía hacer con Dios lo que quería. Por eso, ¡cambió la gloria real de Dios por algo ficticio! Podríamos detenernos aquí y hablar largo rato acerca de la idolatría, y de aquellos que ponen su confianza en otras cosas que no sean la gloria real de Dios. Pero, en lugar de eso, reflexione en su vida, reflexionemos un momento en nuestras vidas: ¿Sabía usted que dentro de la iglesia cristiana hay muchos idólatras que, de alguna manera u otra, han cambiado la gloria de Dios por otra cosa? Claro que sí, porque la idolatría no se encuentra solamente en aquellas personas que doblan la rodilla ante alguna deidad falsa o alguna imagen, sino en cualquier persona que permita que algo o alguien tenga mayor importancia que el Señor Jesucristo. Hay muchas personas que tienen en mayor concepto a su iglesia o grupo cristiano que al Señor, o que aman más al ministerio del Señor que al Señor del ministerio. Hay personas que le dan tanta importancia a sus bienes materiales, como el joven rico que se acercó a Jesús y le dijo qué buen cristiano era (había guardado todos los mandamientos desde su juventud), pero que amaba tanto sus posesiones que no podía seguir a Cristo. ¿O qué tal de aquellas personas que ponen todo su énfasis e importancia en su FALTA de bienes materiales? También en los que ponemos tanta importancia a nuestras relaciones familiares o de noviazgo que no podemos desarrollar nuestra relación con Él como debiéramos. Todas estas cosas son impedimentos a tener una relación más íntima con el Señor porque nos detienen, nos sobrepesan y, en muchos sentidos, nos hacen cambiar la gloria incorruptible de Dios por todas estas otras cosas. ¡Mucho cuidado!, porque el resultado de cambiar la gloria de Dios es muy peligroso: «Dios los entregó a la inmundicia». Esto es casi como si Dios mismo haya perdido esperanza en nosotros y finalmente dice entre sí: «Si se aferran a sus propios razonamientos y sabiduría, si no quieren tener una relación conmigo y se atreven a cambiar mi gloria por otras cosas, entonces... adelante. Que lo hagan sin mi bendición ni mi protección». «Como no aprobaron tener en mente a Dios», etc. Dice alguien: «Qué Dios tan severo, tan incomprensivo». Realmente no. Desde Su creación puso en cada uno de nosotros la conciencia del bien y del mal, pero nosotros hemos violado esa conciencia vez tras vez, al grado que hemos ELEGIDO nuestro propio destino en este asunto. Nosotros tomamos la decisión de no darle gloria. Nosotros fuimos los que determinamos el no darle las gracias. Nosotros sellamos nuestro destino al envanecernos en nuestros propios razonamientos. No culpemos a Dios de algo que ha sido producto de nuestro propio hacer. El que Él «nos entregue» a la inmundicia, más que nada, es que Él retira de nosotros Su protección ya que obstinadamente hemos negado su dirección y su guía vez tras vez. En este caso, lo que sucede es que el Señor va a esperar ahora a que tú clames a Él, para que Él te pueda responder (Jeremías 33.3). Él está pacientemente esperando a que lleguemos al fin de «nosotros mismos» para acudir a Él, cual Padre amoroso esperando el regreso de Su hijo pródigo.

¿Quiere mantenerse firme sin caer? Déle gloria. Déle gracias. ¿Quiere desarrollar una relación de total dependencia de Él? Déle gloria. Déle gracias. ¿Quiere empezar a deshacer las obras infructuosas de las tinieblas? Déle gloria y déle gracias. Nunca se canse de poner al Señor en el lugar que justamente le corresponde, de total autoridad y dominio sobre su vida. Siempre establézcalo sobre el trono de su vida a través de darle gloria y darle gracias y esta será UNA de las cosas que lo podrán mantener firme en la fe. Que nunca se nos olvide la importancia que tienen la alabanza, la celebración, la adoración y las acciones de gracias en nuestras vidas. Siempre tengámoslo a Él firmemente sentado sobre el trono de nuestras vidas para que no caigamos en el proceso hacia abajo.

¿Quiere llegar a ser un verdadero adorador? ¡¡DÉLE GLORIA Y DÉLE GRACIAS!!

LOS MORADORES DE SION

EN una ocasión, hace muchos años, escuché a un predicador decir las siguientes palabras: «Usted necesita nacer en Sion». Como en tantas oportunidades, cuando escuchamos algo que se nos hace interesante, lo apunté en las notas que estuve tomando de ese mensaje. Después, al estar examinando mis notas, me topé con esa frase de nuevo y no pude recordar el contexto de la misma, así que fui a uno de los pasajes que citó el predicador y, ¡vaya descubrimiento! El pasaje era el Salmo 87. Después de buscarlo emprendí un viaje muy interesante que me llevó a conocer la realidad de esa frase que él había dicho. En efecto, ¡yo necesitaba nacer en Sion! Usted también, así que vamos al Salmo 87 y empecemos desde ahí.

Su cimiento está en el monte santo. Ama Jehová las puertas de Sion más que todas las moradas de Jacob. Cosas gloriosas se han dicho de ti, Ciudad de Dios. Yo me acordaré de Rahab y de Babilonia entre los que me

conocen; He aquí Filistea y Tiro, con Etiopía;
Este nació allá. Y de Sion se dirá: Este y
aquél han nacido en ella, y el Altísimo mismo la establecerá. Jehová contará al inscribir
a los pueblos: Este nació allí. Y cantores y ta-
ñedores en ella dirán: Todas mis fuentes están en ti.

Hay muchísimo que ver en este capítulo, pero lo primero que quiero investigar es en relación a lo que dice en el verso 2: «Ama Jehová
las puertas de Sion MÁS que todas las moradas
de Jacob». Mi primera pregunta al leer esto fue:
«¿Qué tiene de especial Sion que no tengan las
otras moradas? Por qué amará más el Señor
esta habitación que todas las demás?» Esto me
llevó a otros pasajes de la Biblia que trataban
con Sion y encontré algo todavía más interesante. Dios no tan solo «ama» las puertas de
Sion, sino que VIVE en Sion, la tomó como su
habitación. Aquí están algunos versos para
comprobarlo:

Cantad a Jehová, que *habita* en Sion.

Salmo 9.11

Hermosa provincia, el gozo de toda la tierra, es el monte de Sion, a los lados del norte, la ciudad del gran Rey.

Salmo 48.2

[...] Este monte de Sion, donde has habi-
tado.

Salmo 74.2

[...] Y su habitación en Sion.

Salmo 76.2

Sino que escogió la tribu de Judá, el monte de Sion al cual amó.

Salmo 78.68

Pero de todos los versos que había leído a estas
alturas, el que más me impactó fue el siguiente:

Porque Jehová ha *elegido* a Sion; la *quiso*
por habitación para sí.

Salmo 132.13

Esto nos da a entender, lógicamente, que el
Señor tenía una opción de donde vivir. Él pudo
haber elegido cualquier otro lugar donde vivir
y sin embargo se va a vivir a Sion. Casi puedo
imaginarme al Señor viendo todas las diferentes opciones que tenía para donde ir a vivir, y
de todos eso lugares, posiblemente algunos de
ellos muy atractivos y bonitos, pero no había
nada que se comparara a Sion, así que escogió
irse a vivir ahí. ¿Qué ha de haber sido lo que
le llamó la atención al Señor como para esco-
gerlo como morada? ¿Cuáles habrán sido las
cosas que Él buscaba para una habitación? Esto
es lo que a mí me intrigaba saber, porque a mí
en lo personal me interesa saber dónde vive
Dios, ya que ha de ser un lugar impresionante,
y si Él escogió Sion, yo quiero saber por qué.
Siendo usted y yo personas que vivimos en
una generación materialista a lo máximo, nos
damos cuenta de que no tenemos que satisfa-
cernos con una sola cosa, sino que el mismo
consumismo humano nos ha permitido tener

miles de opciones a la hora de querer comprar
algo. Si alguien se va a mudar a otra área resi-
dencial, por ejemplo, busca las mejores opciones, dentro de sus posibilidades económicas, y
se muda. Vivimos en una época de la historia
humana donde más opciones tenemos para las
cosas. No tenemos que estar satisfechos con
cualquier cosa, porque al rato llegará una persona que nos ofrecerá algo mucho mejor. En
todas nuestras ciudades hay zonas residenciales
que se caracterizan por diferentes cosas. La zo-
na donde vive toda la gente adinerada, por
ejemplo, es hermosa y con todos los lujos, porque ahí viven los que pueden pagar para tener
esos lujos. Los sectores donde vive toda la gente de clase media, baja, obrera, en fin, tiene características propias de sus habitantes. Cuando
abren una urbanización nueva, anuncian todas
las características positivas que tiene. Hacen
anuncios enormes con dibujos de cómo piensan
tener la colonia cuando esté terminada. ¿Se
imagina la cantidad de lotes que podrían vender de un fraccionamiento donde anuncien «El
Lugar que quiso Dios por Su habitación»? No
se darían abasto. Todos querrían comprar el lo-
te de al lado del de Él. El fraccionamiento Sion.
Lugar muy interesante. La habitación de Dios.
Vamos a ver cuáles son las cosas que hay en
Sion que lo hacen un lugar tan especial.

Lo que distingue a Sion

Uno de los pasajes, de varios, que nos dan

mucha luz con respecto a Sion es Jeremías
31.12.

> Y vendrán con gritos de gozo en lo alto
> de Sion, y correrán al bien de Jehová, al pan,
> al vino, al aceite, y al ganado de las ovejas y
> de las vacas; y su alma será como huerto de
> riego, y nunca más tendrán dolor.

¡Con razón le gustó al señor este lugar! Mire
nada más todo lo que hay aquí. Primero, pan.
El pan en la Biblia representa la satisfacción de
todas nuestras necesidades físicas. En Sion nunca hay hambre porque siempre hay pan, la provisión divina y diaria («El pan nuestro de cada
día, dánoslo hoy[...]») de pan para cada habitante. Es importante recordar que el Señor
siempre ha prometido suplir las necesidades de
sus hijos. En una ocasión escribe David: «Joven
fui, y he envejecido, y no he visto justo desam-
parado, ni su descendencia que mendigue pan»
(Salmo 37.25). El apóstol Pablo también nos dice: «Mi Dios, pues, suplirá todo lo que os falta
conforme a sus riquezas en gloria en Cristo Jesús» (Filipenses 4.19). Tenemos un Dios que se
interesa en las necesidades físicas y naturales
de cada uno de sus hijos, y no los va a abandonar. En Mateo dice: «Mirad las aves del cielo, que no siembran, ni siegan , ni recogen en
graneros; y vuestro Padre celestial las alimenta.
¿No valéis vosotros mucho más que ellas?»
(Mateo 6.26). Muy buena pregunta con una respuesta obvia: claro que sí. Él se encargará de

que cada habitante de Sion tenga su porción de pan y de que esté bien alimentado.

En segundo lugar, en Sion también tenemos vino. El vino en muchas ocasiones en la Biblia se utiliza para representar alegría, gozo y regocijo. Se usaba el vino en las celebraciones y en las festividades. Cuando Cristo, en el capítulo 3 de Juan, visita una boda en Caná, se une a la festividad y les saca del apuro pues se les había acabado el vino. En la gran visitación que hubo en el aposento alto en el Día de Pentecostés, en donde fue derramado el Espíritu Santo sobre todos los que estuvieron presentes y empezaron a hablar en otras lenguas, vemos que la gente que estaba alrededor pensaba que todos los que estaban en el aposento alto se habían emborrachado (Hechos 2.15). ¡Han de haber tenido un escándalo tremendo como para que todos pensaran que estaban borrachos! Me puedo imaginar que estaban gritando, aplaudiendo, cantando y riendo, igual como lo hacen los borrachos. ¿Nunca se ha fijado cómo un borracho tiene un ambiente que lo rodea? Normalmente es un ambiente con mucha música, mucho compañerismo (el borracho hace del extraño su mejor amigo), mucha risa y mucho valor (se le enfrenta a cualquiera y a nadie le tiene miedo). El apóstol Pablo nos exhorta a no embriagarnos con vino sino de ser llenos del Espíritu Santo (Efesios 5.18), implicando con este verso que el embriagarse con el vino del Espíritu tiene algunos de los mismos efectos que el embriagarse con el vino natural. En Sion hay suficiente del vino del Espíritu para todos sus habitantes. Hay suficiente gozo del Señor como para después compartir con los demás, ¡sin costo adicional! Con razón Sion es un lugar que le agrada a Dios: hay gozo, alegría y regocijo. Yo creo que tenemos un Dios más alegre que muchos de nosotros.

En tercer lugar, en Sion hay aceite. Podemos ver varias aplicaciones en la Biblia para el aceite. Voy a tomar sólo dos en esta ocasión. 1) La unción del Espíritu Santo. Cada uno de nosotros necesitamos ese derramamiento de aceite en nuestras vidas para poder movernos en el poder y en la fuerza del Espíritu Santo y no en nuestras propias fuerzas. Cada uno de nosotros necesitamos que el aceite de Su Espíritu haga arder en nosotros el fuego del candelero, igual como estaba en el Lugar Santo del tabernáculo de Moisés. Ahora que nosotros somos el tabernáculo y la morada de Dios, y ahora que Él habita en nuestros corazones, en nuestro Lugar Santo debe haber continuo aceite en el candelero de nuestra vida para que siempre podamos caminar en la luz de Su Espíritu. Jesús dijo que iba a mandar el Consolador para enseñarnos todas las cosas y para recordarnos todas las enseñanzas de nuestro Señor (Juan 14.26). Cada uno de nosotros necesita la presencia del aceite del Espíritu para poder andar en Su luz. 2) La sanidad que es para todos. El aceite también se utiliza en la Biblia para hablar de la sanidad. Cuando el Buen Samaritano se encarga de au-

xiliar al comerciante herido, ¿qué es lo que le
pone? Aceite y vino. Jeremías 8.22 dice: «¿Acaso no hay bálsamo en Galaad? ¿No hay allí
médico? ¿Por qué, pues, no hubo medicina para la hija de mi pueblo?» El bálsamo era aceite
que derramaban en las heridas para sanidad.
¡Qué hermosa aplicación para los habitantes de
Sion! En Sion hay sanidad para cada enfermedad. Es cuestión sólo de recibirla, porque en
Sion el aceite fluye libremente. El dulce bálsamo del Señor corre sobre las heridas de cada
uno de sus habitantes trayendo descanso y sanidad. ¡Con razón el Señor «quiso» a Sion como su habitación! ¡Qué lugar tan especial! ¿No
cree?

El cuarto aspecto que vemos en este pasaje
acerca de Sion es el de «ganado de las ovejas y
de las vacas». De repente, en mi estudio de
Sion me quedé trabado. No pude concebir por
qué el Señor quería darnos vacas y ovejas.
¿Nunca se ha dado cuenta que cuando no en-
tendemos algo muy bien en la Biblia nos encontramos leyendo con mucha rapidez,
pasando a lo que sigue? Pues así me encontré
leyendo este pedacito del verso. Pero un día,
antes de compartir este mensaje en un congreso
en la ciudad de México, me detuve y le pregunté al Señor: «¿Señor, por qué quieres bendecir a los habitantes de Sion con ovejas y
vacas?» Nunca he escuchado la voz audible del
Señor, aunque hay algunos que dicen que ellos
sí la han oído. Lo que sí sé es que el Señor, en

muchas ocasiones, me ha hablado como en esta. De repente, lo pude ver con toda claridad: ¿cómo era que medían la riqueza o la prosperidad de un hombre de aquellos tiempos? ¡Por la cantidad de ganado que poseía! Pude entender que el Señor no tan solamente quiere suplir nuestras necesidades de cada día (el pan que hay en Sion), sino que quiere también prosperarnos y bendecirnos. Ahora, esta prosperidad no es con «fines de lucro», sino con el fin de bendecir a las naciones de la tierra. Deuteronomio 28 dice que Él nos abrirá el buen tesoro del cielo y nos bendecirá abundantemente si guardamos sus mandamientos y le somos obedientes. ¿Con qué fin? «Prestarás a las naciones». Siempre la bendición del Señor sobre su pueblo es para que ellos puedan bendecir a otros. Su bendición nunca es para tener grandes cantidades de dinero en el banco y para vivir vidas ostentosas ya que esto atrae más atención al hombre que a Él. Su propósito en bendecirnos es para que por medio de nosotros Él pueda bendecir a los pueblos de la tierra. Dios nos libre de la mentalidad que ha surgido en algunos países donde se enseña un cristianismo de ostentación y de «prosperidad» falsa, que mide la «bendición» del Señor sobre los distintos ministros por medio del coche que manejan o por sus trajes de 3 mil dólares y sus relojes que presumidamente portan como para así decir que Dios está con ellos. Si Dios está con la gente próspera, si la prosperidad es sinónimo de unción, entonces que nos libre, porque hay miles de magnates del petróleo que viven en ostentosa prosperidad, ¡pero doblan la rodilla ante Mahoma! De ninguna manera debemos permitirnos desviar por esta falta de balance en la enseñanza pura de la Palabra, sino que debemos entender que el Señor desea hacernos prósperos lo suficiente para ser canales de bendición a muchos otros y para extender su Reino en toda la tierra. Yo creo que en estos tiempos Dios quiere levantar a muchos hombres de negocios latinos prósperos para poder invertir mucho dinero en el Reino de Dios en toda la tierra. Dios está bendiciéndonos para que nosotros tomemos ejemplo de Él y bendigamos a cuantos podamos. ¡Con mucha razón al Señor le gustó Sion! Es un lugar de bendición, prosperidad y generosidad. ¿A quién no le gustaría vivir en un lugar así?

El quinto aspecto de Sion que vemos en Jeremías 31.12 es: «[...] su alma será como huerto de riego». ¿Ha visitado usted alguna vez un huerto después que lo han regado? ¿Se ha deleitado en el olor tan hermoso del agua, mezclado con la tierra y las flores que se encuentran en los árboles? Huele a fresco, a limpio. ¡Qué delicia! ¡Qué deleite! Así «huelen» las personas que moran en Sion. Tienen una frescura del Señor notable en sus vidas. No están llenos de complejos y de temores sino que están llenos del agua de la palabra de Dios en sus vidas y emiten un «olor» fragante a todos con quienes entran en contacto. ¿Ha conocido alguna vez a alguien que cuando llega a un lugar trae consigo una frescura, un dinamismo y una palabra de aliento? Muy probablemente es alguien que habita en Sion. De la misma manera, ¿nunca se ha dado cuenta que hay personas que cuando llegan a un lugar traen un olor apestoso y horrible? En lugar de traer ánimo, tienen una palabra de pesimismo o negativismo. Siempre viendo el lado oscuro de las cosas, o como dice mi amigo Jorge Lozano, «con el espíritu de la sospecha». De todo dudan, todo cuestionan y de todo sospechan. ¡Qué desagradable es estar con esta gente! Es muy probable que sean personas que no habiten en Sion. Es urgente hacerles una invitación a que conozcan que en Sion su alma puede parecer «huerto de riego». ¡Con razón le gusta este lugar al Señor! ¡Todos huelen bonito!

La sexta cosa que nos enseña este pasaje acerca de Sion es que «nunca más tendrán dolor». ¡¡¡Guauu!!! ¿Qué más pudiéramos pedir? No tan solo tenemos todas nuestras necesidades suplidas, el gozo del Señor, la llenura de Su Espíritu, su sanidad para todas nuestras enfermedades, la bendición y la prosperidad para ser generosos, la frescura de Su Espíritu, sino que también tenemos la promesa de que nunca más tendremos dolor. ¡Qué increíble! La mayoría de las personas en esta vida se la pasan constantemente buscando «remedios» para el dolor. En ocasiones recuerdo que en Durango, en la colonia donde vivíamos, pasaban de vez en cuando algunos vehículos con bocina encima anunciando el «polvito mágico que lo cura todo». Daba mucha risa escucharlos: «¿Le duele la muela? ¿Le duele el codo? ¿Siente que no tiene fuerzas para trabajar? ¿Batalla para digerir la comida? ¿A veces tiene punzadas en el pecho? ¿El ojo derecho le llora mucho? ¿Se le está cayendo el cabello? Pues cómprese el polvito de cascabel de víbora y se le van a quitar todos esos dolores. Sólo por hoy se lo vamos a vender al dos por uno». Lo verdaderamente increíble es que se les juntaba la gente queriendo comprar esos remedios que probablemente eran las estafas más grandes del momento. Pues en Sion hay un remedio de remedios, una solución a todos los dolores, una provisión para cada una de nuestras dolencias. ¡Con mucha razón el Señor escogió este lugar como su habitación! ¡No estaba de más! ¡Es un lugar muy especial este lugar llamado Sion! ¿No le gustaría vivir en el fraccionamiento Sion?

¿Dónde es Sion?

Sabemos que en Israel hay un monte que se llama «Sion». ¿Habrá que ir a ese monte para experimentar todo lo que el Señor promete para el que habita ahí? ¿Tendremos que hacer peregrinaciones a ese lugar para poder obtener todos sus beneficios? Creo que usted ya sabe la respuesta a esa pregunta: NO. Entonces, ¿dónde será este lugar tan maravilloso donde vive

Dios? La respuesta está en un verso que hemos leído tantas veces, que hasta lo leemos con cierta automatización:

Pero tú eres Santo, tú que *habitas entre las alabanzas de Israel.*

Salmo 22.3

¡Ahí está! ¡Eso es Sion! Cada vez que usted y yo levantamos nuestras manos y nuestra voz para aclamar y bendecir el nombre de nuestro Señor, en ese lugar estamos construyendo un Sion, donde Él puede venir a morar. Cada vez que elevamos nuestro corazón a Él en sinceridad, amor y entrega, para exaltar, ensalzar y honrar Su grandeza y Su poder, estamos creando en ese lugar un Sion donde Él puede descender en toda Su gloria sobre nosotros y traernos todas las cosas que vimos en la sección anterior: pan, vino, aceite, prosperidad, frescura y liberación. Esto quiere decir que en cualquier lugar que usted esté, lo puede convertir en una habitación para el Señor. No importa si está lavando los platos después de la comida, ese lugar puede convertirse en un Sion. Si está conduciendo su auto rumbo al trabajo, o si va por el metro o en algún sistema de transporte público rumbo a la escuela. Ese lugar usted lo puede convertir en un Sion. No importa el lugar, lo que importa es que el Señor está deseoso de que le demos un lugar para que Él pueda descender y darnos todas las bendiciones que promete para los habitantes de Sion.

Puedo imaginarme al Señor sentado sobre su trono. Miguel a su izquierda y Gabriel a su derecha. Están arriba en el cielo haciendo lo que hacen todos los días, mandando una sanidad para allá, un milagro para acá y muchas otras cosas más. Cuando, de repente, el Señor hace un movimiento con la mano, que todos ya saben que quiere decir «silencio». El coro angelical deja de cantar, los músicos celestiales dejan de tocar y todo se torna en un silencio total. Se levanta el Señor de Su trono y se asoma por el balcón de los cielos para ver qué es lo que sucede. Se nota que está escuchando algo. Gabriel y Miguel se dan unas miradas de reojo, sabiendo lo que está pasando porque ya les ha pasado muchas veces en el tiempo que llevan con el Señor. Apenas se alcanza a escuchar el sonido de un canto: «Me gozaré. Me alegraré. Y cantaré al Señor. Porque han llegado las bodas, del Cordero de Dios». El Señor se acerca con Miguel y le dice: «¿Escuchas eso?» Miguel le contesta: «Sí, Señor, qué precioso se oye». El Señor le dice: «¿Sabías que son mis hijos?» Miguel le responde: «Sí, Señor, los que compraste con tu sangre preciosa». Se retira otra vez el Señor para seguir escuchando el cántico que ha subido delante de Él: «Y a su esposa se le ha concedido, que se vista de lino fino, lino limpio y resplandeciente, para recibir al Rey». Se acerca con Gabriel y le dice: «Gabriel, ¿sabes que es mi esposa la que me está cantando, verdad?» Gabriel contesta: «Sí, Señor. Y qué bella se está volviendo. Casi no podemos esperar hasta que la traigas contigo para estar acá por toda la eternidad a tu lado y que podamos festejar esas grandiosas bodas que has estado planeando por todo este tiempo». El Señor le dice: «Sí, ya casi estamos listos, pero, escucha eso. ¿No se oye maravilloso?» Gabriel le dice: «Sí, Señor. Se escucha hermoso». En ese instante el volumen de la canción ha subido y ha cambiado un poco: «Hijo de Dios, recibe hoy, toda la gloria, la honra y honor» vez tras vez lo repite la iglesia, la novia, la amada del Señor. En ese instante ya no se puede detener las ganas el Señor y voltea con Gabriel y Miguel y les dice: «Con permiso, muchachos, pero yo tengo que estar en ese lugar donde me están cantando y adorando. He prometido que cada vez que lo hicieran yo descendería en medio de ellos y les daría pan, vino, aceite, prosperidad y prometí que les quitaría todos sus dolores y regaría su alma con mi frescura y con mi Espíritu. Nos vemos después. Sigan adelante». Y en ese momento Él desciende al Sion que usted y yo hemos construido para Él. Oh, mi hermano, mi hermana, no sé si usted puede sentir el gozo, la satisfacción que siento aun en este momento al escribir estas líneas, al saber que cada vez que nos tomamos el tiempo de bendecirlo, de exaltarlo, de recordarle de Sus grandezas Él desciende y habita entre nosotros, y donde Él está, muchas cosas buenas pueden suceder. ¿Lo cree? Al estar Él en medio nuestro, puede ver nuestras necesidades para suplirlas. Cuando Él habita en medio de nuestras alabanzas, Él puede conocer los deseos de nuestro corazón para que nos los pueda dar (Salmo 37.4). Nunca nos cansemos de construirle una habitación donde Él pueda venir a morar entre nosotros. Vamos a ser personas nacidas en Sion, y viviendo en Sion, para tener entre nosotros siempre la presencia del Señor.

Lo que distingue al «sionita»

Vamos a llamar «sionita» a la persona que nació y vive en Sion. ¿Recuerda que en el primer pasaje que leímos en el Salmo 87 dice en el verso 5: «Y de Sion se dirá: Éste y aquél han nacido en ella»? De nuevo en el verso 6 dice: «Jehová contará al inscribir a los pueblos: Éste nació allí». Es interesante ver que Dios sabrá inmediatamente quiénes son los que vienen de Sion y quiénes no. Existen ciertas cosas que caracterizan a los habitantes de Sion, que los separan de las demás personas, de tal manera que cuando estemos todos entrando delante de la presencia física del Señor en aquel grandioso y final día, Él sabrá quiénes vienen de Sion, y quiénes vienen de las otras habitaciones. Dice el verso 4 que se «acordará» de los otros lugares y hasta menciona a algunos de ellos. Pero hay algo especial del sionita, algo que lo separa de todos los demás.

Al haber viajado alrededor de América Latina, me he ido dando cuenta de las diferentes expresiones que se utilizan en los distintos países. Hay ciertas expresiones y detalles culturales que distinguen a nuestros hermanos latinos de diferentes países. Por ejemplo, siempre que viajamos mi equipo y yo a cualquier otro país, quieren que hablemos como el famoso «Chavo del Ocho» (creo que aparte de Cantinflas es el mexicano más famoso entre los hispanos). Todos piensan que en México todos hablamos como el Chavo del Ocho, pero los que vivimos aquí sabemos que hay acentos regionales que nos distinguen a unos de otros. Por ejemplo, los que vivimos en el norte del país hablamos con otro acento distinto a los que viven en el sur, etc. De igual manera, por haber convivido tanto con los «ticos» (costarricenses), puedo escuchar a uno de ellos hablar e inmediatamente saber de dónde viene. Ni se diga del argentino que tiene una manera única de hablar, y que son los únicos a quienes les he escuchado la palabra que más les caracteriza: «che». Sin mencionar a los acentos cubanos, ni el pue«l»to «l»iqueño, y en fin, cada lugar de donde viene uno le da ciertas cosas que lo caracterizan. Igual al «sionita». Hay ciertas expresiones, ciertas maneras de ser, ciertas costumbres que mantiene el «sionita» que lo separan de todos los demás. Aquí están algunas de esas características:

1) El gozo y la alegría. (Isaías 51.3 y 11; 35.10)
2) El canto y la música los rodea (Isaías 51.3, Salmo 87.7)
3) La danza. (Jeremías 31.13)
4) Gozo perpetuo. Siempre están alegres (Isaías 35.10; 51.11)

El sionita es fiestero. Tiene ambiente. Sabe gozar. Sabe cantar, sabe dar gracias en todo tiempo. No le interesa lo que piensen los demás acerca de él. Sólo le interesa lo que piensa el Señor de él. Por eso es que los sionitas, en ocasiones, no son muy comprendidos, porque algunos moradores de las otras habitaciones (Filistea, Rahab, etc.) no pueden comprender qué es lo que motiva al sionita a ser tan «escandaloso». Recuerdo a un sionita que fue brutalmente criticado porque se había «descontrolado» ante la presencia del Señor: David. Cuando ya estaban cerca de Jerusalén con el arca del pacto en su posesión, no se pudo contener la alegría y el regocijo, y comenzó a danzar con todas sus fuerzas de tal manera que su esposa Mical pensaba que se estaba «exhibiendo» ante las sirvientas del Rey. Hasta la fecha están entre nosotros los «Micales» que desde su balcón de seguridad y confort, lejos de estar involucrados en la alabanza al Señor, lejos de estar gozándose junto con el pueblo el gran acontecimiento de que la Presencia del Señor está regresando a su lugar debido, están cómodamente sentados juzgando los acontecimientos, midiéndolo con las reglas que usaba el régimen anterior. Pero al sionita no le interesa mucho lo que le dicen los Micales, porque reconoce para quién lo está haciendo y por qué lo está haciendo. Es otra de sus características, la determinación. No importando qué sucede a su alrededor, el sionita siempre está dispuesto a alabar y adorar al gran Rey de reyes y Señor de señores.

Hablando de David, es interesante notar que es la única persona de quien Dios dijo que era un hombre «conforme a su corazón» (Hechos 13.22). ¿Cómo habrá sucedido esto? ¿Habrá sido porque a Dios se le «ocurrió» hacerlo así? No creo. Creo que allá en las praderas, cuando David cuidaba las ovejitas, con su arpita en la mano, comenzó a experimentar la presencia del Señor en medio de él. Descubrió ese «Sion» espiritual, del cual escribió. Disfrutaba de comunión íntima con el Señor y sabía que el Señor descendía cada vez que le tocaba su instrumento y le cantaba sus cantos. David nació en Sion desde aquellos primeros años con las ovejas y el arpa, y por eso Dios dijo que era un hombre «conforme a mi corazón». ¿Sabe cuál sería una interpretación laica de esa frase «conforme a mi corazón»? La siguiente: «Sabe lo que a mí me gusta. Me sabe complacer. Sabe lo que me cae bien».

¡Con razón David escribió tantos salmos tan hermosos! ¡Con razón fue el rey más poderoso de todos los tiempos! ¡Conocía lo que era vivir en Sion! ¿No le parece que es un lugar maravilloso en donde vivir? ¿No quisiera usted vivir en la habitación de Dios? Entonces, busque Su presencia. Levante su adoración, su acción de gracias, su alabanza y su celebración delante del trono de Dios, y Él descenderá y habitará con usted y recibirá todas las bendiciones que vienen con habitar en Sion.

Tenemos por qué cantar...

Canta, oh hija de Sion: da voces de júbilo, oh Israel: gózate y regocíjate de todo corazón, hija de Jerusalén. Jehová ha apartado tus juicios, ha echado fuera tus enemigos: Jehová es Rey de Israel en medio de ti; nunca más verás el mal. En aquel tiempo se dirá a Jerusalén: No temas; Sion, no se debiliten tus manos. Jehová está en medio de ti, poderoso, él salvará: se gozará sobre ti con alegría, callará de amor, se regocijará sobre ti con cánticos.

Sofonías 3.14-17

Canta y alégrate, hija de Sion; porque he aquí vengo, y moraré en medio de ti, ha dicho Jehová.

Zacarías 2.10

ALLÁ EN EL CIELO

¡CÓMO recuerdo de niño haber cantado un himno que llevaba el mismo título de este capítulo! Era popular, especialmente en los funerales de los hermanos. Pareciera que por mucho tiempo en la Iglesia de Cristo sólo se hablaba de cuando iríamos a estar «allá», y no nos enseñaron mucho acerca de estar «aquí». Cantábamos tantas veces ese himno que hasta la fecha puedo recordar la letra:

Allá en el cielo, allá en el cielo, allá
  en el cielo.
No habrá más llanto ni más tristeza
  ni más dolor.
Y cuando estemos, los redimidos,
  allá en el cielo,
Alabaremos al Señor.

Hay toda una serie de versos que acompañan el coro, y lo cantábamos hasta no poder más. Vaya que la última frase del coro tiene mucha razón: «Alabaremos al Señor». Si hay una cosa que se puede ver muy claramente al estudiar el libro del Apocalipsis es la cantidad extraordinaria de alabanza y adoración que habrá «allá en el cielo». Debido a esto, decidí tomar un pequeño y muy sencillo viaje por todo el libro para ver qué podía encontrar al respecto. Encontré varias cosas interesantes que veremos en este momento.

Si las vamos a estar practicando por la eternidad en el cielo, sería una muy buena idea ir estableciendo, cada una de ellas, en nuestras vidas desde ahora, antes de llegar «allá».

1) *Acciones de gracias, alabanza y adoración*

Desde el inicio de este estudio establecimos que estas son las tres divisiones principales en la alabanza a Dios. Pues, aquí en el Apocalipsis vemos que las tres áreas están respresentadas en el cielo. Fue interesante descubrir esto en un verso que había leído un sinfín de veces. Apocalipsis 4.9: «Y siempre que aquellos seres vivientes dan gloria, honra y acción de gracias[...]» Allí están las tres. Primero, acción de gracias. ¿Recuerdan que estudiamos acerca de la necesidad que tenemos cada uno de nosotros de establecer fuertemente esta área en nuestras vidas? El agradecimiento es, en definitiva, una de las características de un verdadero adorador. ¿Cómo será posible tener gente ingrata en el cielo? ¿Se puede imaginar a una persona llegar al cielo y quejarse de que las instalaciones no están adecuadas para sus necesidades? ¿Puede ver a alguien quejándose de que el aire acondicionado no funciona en su mansión? ¡Imposible! En el cielo, el idioma oficial será de alabanza y acción de gracias. No será posible que lleguen los ingratos, así que le sugiero que vaya aprendiendo a hablar el idioma de la gratitud desde ahora, ya que será indispensable para «allá». Le encargo que sea más que sólo hablar un cierto vocabulario, sino que sea un estilo de vida, como ya lo hemos visto en el primer capítulo. Segundo, encontramos alabanza, la segunda etapa en el protocolo de acercarnos a Dios. La palabra que se usa es «honra». Esto es casi sinónimo de alabanza, ya que en la alabanza estamos reconociendo las virtudes del Señor y su características. El dar honra es ensalzar su naturaleza, su personalidad, etc. Es reconocer sus cualidades. Todos nosotros necesitamos llegar a ese lugar donde sabemos reconocer. Tan difícil es reconocer las virtudes de otros, señalarlas y realzarlas, pero en el caso de nuestra vida necesitamos aprender a hacerlo de una buena vez porque «allá» lo estaremos haciendo mucho. Creo que una manera, en la que usted se podrá dar cuenta de que es una persona que sabe reconocer a Dios, es fijándose a ver si reconoce a sus hermanos que tiene alrededor. El apóstol Juan nos escribe para decirnos que no es posible decir que amamos a Dios, a quien no vemos, y odiar a nuestro hermano, a quien sí vemos. Lo mismo, en este asunto de reconocer u honrar a Dios, ¿cómo podemos honrar a Dios, a quien no vemos, y deshonrar a nuestro hermano, a quien sí vemos? Seamos personas rápidas en reconocer las virtudes de nuestro hermano y señalarlas. Estemos dispuestos a reconocer a alguien que, quizá, tenga más «virtudes» que uno mismo. Esta es una buena manera para saber si estamos realmente honrando a Dios o no. Será una buena oportunidad para medir la cantidad de alabanza y honra que hay para el Señor en nuestro corazón. En tercer lugar vemos adoración en el cielo, en la palabra «gloria». Creo que usted puede sentir la diferencia que tiene la palabra «honra» a la que tiene «gloria». Muchos pueden honrar a otros, pero la gloria se la damos a uno solo: al que vive por los siglos de los siglos. ¡Sólo a Él! Básicamente, esta es la diferencia entre la alabanza y la adoración. En la alabanza señalamos virtudes y reconocemos virtudes, pero en la adoración nos postramos para entregar nuestras vidas totalmente al gobierno del Señor de señores y Rey de reyes. A diferencia de todas las otras áreas de las que hablaremos en este capítulo, la adoración no es algo que necesitamos practicar porque vamos a hacerlo «allá», sino que sin este elemento en nuestras vidas, ¡NI LLEGAREMOS ALLÁ! Esta parte de nuestra vida cristiana no es negociable ni opcional. Sin rendirnos 100% ante el Señorío de Jesucristo, no tendremos la oportunidad de cantar con el coro de los ángeles en aquel gran día final, donde se reunirán de toda lengua, tribu y nación. He aquí otra de las razones por la que debemos llegar a ser verdaderos adoradores. Si usted tiene planes de ir al cielo, urge que entregue toda su vida al Señorío de Jesucristo.

2) *Postración*

El punto anterior me lleva a este. Ya hemos comprobado que lo que el Padre busca no es adoración, alabadores, cantantes, músicos, sino que busca «adoradores». Ya nos dimos cuenta que la palabra «adorador» significa «postrador». Esta es la clase de adorador que el Padre busca. Pues vemos que en el cielo se postran delante del trono. Apocalipsis 4.10 «[...] los veinticuatro ancianos se postran[...]», Apocalipsis 5.14 «[...] y los veinticuatro ancianos se postraron sobre sus rostros[...]», Apocalipsis 19.4 «[...] los veinticuatro ancianos y los cuatro seres vivientes se postraron en tierra y adoraron a Dios[...]» Aparte de la implicación espiritual que tiene el postrarse, considero que también es importante que aprendamos a postrarnos físicamente como una señal exterior de algo que hemos determinado interiormente. En muchas congregaciones no se practica el postramiento y, sin embargo, es una de las maneras muy bíblicas de adorar al Señor que sería bueno volver a tomar en nuestras reuniones. Hay algo que sucede adentro de nuestro corazón cuando nos hincamos y doblamos la rodilla ante Su Majestad. Es bueno para nuestra carne hacer esto de vez en cuando sólo para que no se le olvide quién es el que está en control de nuestro ser. En ocasiones, cuando nos encontramos en algún congreso por ahí, de repente el Señor nos dirige a postrarnos delante de Él. No le puedo describir la sensación que se vive en esos momentos cuando miles de gentes doblan la rodilla y se postran ante el trono del gran Rey y derraman su corazón. ¡Es indescriptible! Al ver ese escenario, casi puedo imaginarme cómo va a ser en el cielo cuando todos estemos alrededor del gran trono blanco de donde sale la luz admirable de Su presencia, recibiendo el calor de Su amor al estar todos ahí, postrados, con nuestras coronas ante Sus pies. ¿Lo puede ver conmigo? ¿Imagina cuán grande será ese día? ¿Sentirá la ansiedad que tengo de estar con Él por toda la eternidad? Pues, vayamos, desde ahora, aprendiendo a vivir nuestra vida postrados delante de Su altar, rendidos a Su voluntad, deseo y propósito. Aprendamos, desde ahorita, a doblar nuestra rodilla en humillación ante Él, reconociendo Su gran poder y gloria.

3) *Declaraciones*

Esta es otra de las áreas interesantes en alabanza que podemos ver en el Apocalipsis. Es importante aprender a utilizar la boca, la lengua y la garganta que el Señor nos ha dado para poder declarar verdades eternas y contundentes a nuestro enemigo, pero también a nuestro hermano. «[...] y no cesaban día y noche de decir: Santo, santo, santo es el Señor Dios Todopoderoso[...]» Apocalipsis 4.8. «[...] Señor, digno eres de recibir la gloria y la honra y el poder[...]» Apocalipsis 4.11. «[...]que decían a gran voz: El Cordero que fue inmolado es digno de tomar el poder[...]» Apocalipsis 5.12. «[...]Y clamaban a gran voz diciendo: La salvación pertenece a nuestro Dios[...]» Apocalipsis 7.10. Estos son sólo algunos de los muchos versículos que hablan de declaraciones que se estaban haciendo durante toda la revelación del Apocalipsis.

Muchas veces hemos escuchado sermones y mensajes acerca del poder que hay en la lengua, para destruir o también de edificar. Muchos hemos leído el pasaje en Santiago donde habla de que la lengua es el instrumento indomable que causa muchos problemas para todo el mundo. ¿Cuántas veces nos hemos metido en graves problemas a causa de una palabra mal encausada o mal pensada y mal dirigida? ¿Podríamos decir que miles? Pues, esto es algo que seguramente estaremos batallando hasta el día de nuestro Señor; pero mientras tanto, necesitamos ir tomando fuerza en el controlar esta área de nuestra vida y una de las maneras de hacerlo es colocando en nuestra boca sólo la Palabra de Dios. Cada vez que la abrimos, debe estar saliendo una bendición, una declaración poderosa de la Palabra. Es interesante ver en el mismo libro del Apocalipsis, en el capítulo 12.11: «[...] ellos le han vencido por medio de la Sangre del Cordero y por la palabra de testimonio de ellos[...]» Lo que hablamos, junto con la obra que hizo Jesús en la cruz del Calvario nos asegura la victoria. ¡Qué importante es entonces hablar correctamente! ¡Cuidemos nuestra lengua de hablar vanas y profanas palabras, sino aprendamos a hablar y declarar la única palabra que vale la pena hablar: la Palabra eterna de nuestro Señor.

Seguramente habrá quienes se han ido y se irán a los extremos en esta enseñanza, diciendo que «si sólo lo hablamos, lo tendremos». Tenemos que confesar y declarar todo para entonces tenerlo. Muchas de estas personas aplican esta enseñanza de una manera egoísta al enseñar que podemos obtener «los deseos de nuestro corazón» al declarar mil veces por día lo que estamos queriendo. El balance en la Palabra de Dios desmiente esta filosofía equivocada. Creo que es especialmente significativo ver que sin la Sangre del Cordero, la palabra del testimonio no hubiera servido para nada. Fueron las dos cosas en conjunto que trajeron la victoria. No está en duda que la Sangre del Cordero tiene poder, pero requiere de la palabra, del testimonio suyo y mío, para ACTIVAR el poder que hay en esa sangre. Si nosotros nunca nos enteramos de ese poder, y nunca hacemos uso del mismo, entonces siempre tendremos una palabra negativa, pesimista y deprimente. Pero cuando activamos las dos cosas juntas, esto se convierte en arma poderosa que, de acuerdo al verso que acabamos de leer, nos garantiza la victoria. ¡Tengamos cuidado de lo que estamos permitiendo salir de nuestra boca! Asegurémonos que todo lo que hay ahí es ratificable con la Palabra eterna de Dios. Recuerde que: «El cielo y la tierra pasarán, pero mis palabras nunca pasarán» (Mateo 24.35). Si usted quiere hablar palabras eternas, hable la palabra de Dios. Si usted quiere vivir en la victoria que Jesús ya le compró, comience a declararlo, ponga esa victoria en su boca, para que de ahí se pueda dirigir al resto de su cuerpo, convenciéndole que en Cristo Jesús tiene usted la victoria. Es bueno, inclusive, que lo hablemos en voz audible, para que todo nuestro ser escuche lo que estamos declarando y de esta manera se alinie a la Palabra. Esta es la primera dirección en la que debemos declarar: a nosotros mismos.

La segunda dirección en la que necesitamos declarar es hacia nuestros hermanos. Muchos de los salmos son declaraciones de las grandezas del Señor y recordatorios de sus obras maravillosas. Tómese un momento y abra el libro de los Salmos y verá que lo que digo es verdad. Vez tras vez podemos leer declaraciones como «Mirad, bendecid a Jehová[...]» (134.1), «Alabad, siervos de Jehová, Alabad el nombre de Jehová[...]» (113.1), «Venid, aclamemos alegremente a Jehová; Cantemos con júbilo a la roca de nuestra salvación[...]» (95.1), etc. Estas son invitaciones a nuestros hermanos a que, juntos, exaltemos las virtudes de nuestro Dios. En los últimos años se ha vuelto algo popular en algunos círculos decir: «Dígale a la persona que tiene a su lado _____». Pues, esta es la razón por la cual hacemos esto. Para que, con nuestra boca, declaremos entre el pueblo: ¡Cuán grandes son sus maravillas! Es una práctica buena en nuestra vida cristiana porque nos recordamos los unos a los otros que, en verdad, Su gracia y Su misericordia para con nosotros ha sido abundante. Búsquese a alguien y declárele alguna verdad de la Palabra. No podemos cometer error al hablar la Palabra en su tiempo. De una vez, vayamos aprendiéndolo aquí porque «allá» lo estaremos haciendo también.

La tercera dirección en la que tenemos que aprender a declarar es la de nuestro enemigo. Tome nota que el verso que leímos de Apocalipsis 12.11, dice: «...y le vencieron...» ¿A quién se está refiriendo? Al dragón, la serpiente, el diablo, Satanás (verso 9). Es importante aprender a declararle algunas cosas al diablo para que queden establecidas las cosas como deben ser: de acuerdo a la Palabra. Muchas personas le tienen miedo al diablo, cuando, de acuerdo a la Palabra de Dios, ha sido vencido por medio de la victoria que obtuvo Jesús en la cruz del Calvario. Necesitamos recordárselo de vez en cuando a nuestro enemigo, y a nosotros mismos: HABLÉMOSLO. Alguien me preguntó una vez por qué, en mi opinión, era necesario hablar audiblemente, pues había estado invitándolo a que lo hiciera. Mi respuesta fue esta: recuerde que Satanás no es omnisciente, sólo Dios lo es. Entonces, como el enemigo no sabe

lo que estamos pensando, necesitamos DECIR-
LE lo que estamos pensando. El único que lee
los pensamientos es nuestro Señor, pero el enemigo no lo puede hacer. Aprendamos, entonces, a abrir la boca a declarar la Verdad de la
Palabra a Satanás. ¿Será que podemos hablarle
al diablo? Le aseguro que si usted no lo hace,
él si le hablará a usted, y lo que le tendrá que
decir no tiene nada que ver con la verdad. Así
que mejor háblele usted y déjelo siempre en su
lugar: bajo sus pies (Efesios 1.22,23).

4) *Mucho ruido*

Para quienes no les gusta el ruido, les tengo
varias recomendaciones: 1) No vayan a ir al
cielo, por favor, porque allá se va hacer un ruido tremendo. 2) Si insiste en ir al cielo, llévese
unos tapones si es que no le gusta el ruido. 3)
No lea esta sección del capítulo, porque vamos
a ver justificación bíblica para el ruido.

«[...] que decían a GRAN VOZ[...]» (Apocalipsis 5.12), «[...] y clamaban a GRAN VOZ[...]»
(7.10), «Y oí una voz del cielo como ESTRUENDO
de muchas aguas, y como sonido de un GRAN
TRUENO[...]» (14.2), «[...] oí una GRAN VOZ de
una GRAN MULTITUD[...]» (19.1), «Y oí como la
voz de una GRAN MULTITUD, como el ES-
TRUENDO de muchas aguas, y como la voz de
GRANDES TRUENOS[...]» (19.6). Ninguno de
estos versos enseñan que las cosas van a hacerse silenciosamente, sino todo lo contrario. Por
desgracia, muchos han pensado que el silencio es

el sinónimo de espiritualidad, y que, por lo tanto, tratan de ser «espirituales» a través de guardar silencio. Estoy muy de acuerdo de que el silencio es una de las formas bíblicas de adoración e inclusive lo he enseñado en muchos lugares donde piensan que el silencio es pecado. Tenemos que aprender a estar quietos y conocer que Él es Dios (Salmo 46.10). Necesitamos saber discernir los momentos de silencio y valorarlos, apreciarlos, aprender de esos momentos con el Señor. En la adoración, particularmente, hay el elemento indispensable del silencio. Pero de la misma manera, necesitamos aprender a ser ruidosos en el marco de alabanza que nos lo permite. El ser ruidosos no nos constituye en irreverentes, aunque hemos visto a algunos caer en la irreverencia. Igualmente, hemos visto irreverencia en el silencio. Faltar el respeto a Dios no tiene que ver con ruido o silencio sino, de nuevo, con la actitud del corazón. Si nuestro corazón está bien delante de Dios, y tenemos un sincero deseo de expresarle lo que hay ahí, ¿por qué no poderlo gritar a los cuatro vientos, como lo hacen en el cielo? Si gritamos y exclamamos para tantas otras cosas (deportes, eventos sociales, conciertos musicales, etc.), ¿quién dice que no es permitido gritar y hacer alarde del hecho de que tenemos a un Dios grande y maravilloso que todo el mundo merece conocer? En su tiempo y en su momento, GRITEMOS y ACLAMEMOS al Dios de nuestra salvación.

Una vez escuché que alguien había dicho: «¿Por qué tanto grita y grita, si Dios no está sordo?» Me dicen que a esa persona le contestaron: «Es cierto que Dios no está sordo, pero ¡tampoco está nervioso!» Estoy de acuerdo con que hacer ruido sólo por hacer ruido no tiene virtud alguna. Parece que hay unos equipos de alabanza que piensan que si el sonido no llega a ciertos decibeles de ruido, entonces no hubo «unción». Los hermanos de esa congregación tendrán sangre saliéndoles por los oídos y toda clase de problemas auditivos. Definitivamente, no creo que de eso es lo que se trata en estos versos, sino, más bien, de la respuesta natural del hombre hacia Dios al estar maravillado en Su presencia. Sus exclamaciones de júbilo, regocijo y alegría eran tan fuertes en el cielo, que se escuchaba como el estruendo de muchas aguas.

Hace unos años estuve visitando la ciudad de Toronto, Canadá, ministrando en algunas congregaciones hispanas de allá. Un día mi anfitrión me dijo que íbamos a visitar las famosas cataratas del Niágara, cosa que me emocionó mucho, ya que las conocía sólo en foto y quizá en algún video. El día llegó para ir y salimos bastante tarde, por algunas circunstancias que tenía que ver el hermano. Al fin, tomamos la autopista rumbo al Niágara, cuando empieza a oscurecer. En mi preocupación por querer ver estas cascadas le pregunté a mi anfitrión: «Hermano, ¿cuánto más falta? Parece que no vamos a llegar antes de oscurecer». Me contesta tranquilamente el hermano: «No se preocupe. Va a estar hasta mejor porque de noche ponen unas luces grandes y se ve todavía más impresionante». Con esto me volvió a levantar los ánimos caídos. Cuando entramos al pueblo, comencé a torcer la cabeza para todos los lados en busca de las luces brillantes de las cuales me había hablado el hermano. Mientras tanto, me empiezo a dar cuenta del silencio profundo de mi hermano al estacionar el carro. «¿Y las luces?», pregunté. Me contesta: «Parece que ya las apagaron». No se puede usted imaginar mi decepción y tristeza, después de anticipar este momento varios días y viajar dos horas en el coche para encontrarme con nada. ¡Gran tristeza! Yo le puedo decir que he visto las cataratas del Niágara, pero ¡POR OJOS DE FE! Eso sí, Oí las cataratas del Niágara. Y ¡qué sonido! Nunca en mi vida he oído algo similar. Al estar al lado de lo que me imagino es el cañon del río, mi mente recordó este versículo tremendo acerca del estruendo de muchas aguas. Si usted nunca lo ha escuchado, es un sonido verdaderamente indescriptible. Me pude imaginar cuando estuviéramos todos «allá en el cielo», alabando al Señor con todas nuestras fuerzas, con toda nuestra voz, con todo nuestro ser, al que vive y reina por todos los siglos diciendo: «Santo, Santo, Santo, es el Señor Dios Todopoderoso, el que era, el que es, y el que ha de venir». ¿Lo puede imaginar conmigo? ¡Qué tremendo será ese tiempo! Pues ese tiempo lo podemos ir disfrutando aquí, ahora. Vayamos aprendiendo a ser personas que entregan más intensidad en su alabanza a Dios. Seamos personas que demos «Suprema alabanza», no una «alabancita» calladita, tímida y mediocre, sino una que se le da con todas nuestras fuerzas. En su momento, hay que elevar la voz y exaltarlo en gran manera (Salmos 96.4, 48.1, 145.3; 1 Crónicas 16.25).

5) Música

Por alguna razón ha habido personas que enseñan que los instrumentos musicales no son para hoy, sino que debemos cantar sin instrumentos. Realmente, no sé en qué basan esta enseñanza, ya que podemos ver en la Biblia muchas referencias a los instrumentos musicales que se utilizaban tanto para la alabanza como para la guerra. También, en la revelación que tuvo el apóstol Juan del Apocalipsis hay varias referencias a instrumentos musicales, sobre todo trompetas y arpas: «[...] los veinticuatro ancianos[...] tenían arpas[...]» (5.8), «[...] los siete ángeles que tenían las siete trompetas se dispusieron a tocarlas[...]» (8.6), «[...] y la voz que oí era como de arpistas que tocaban sus arpas[...]» (14.2). ¿Para qué les habrán dado las arpas a los veinticuatro ancianos? ¿Cree usted que fueron sólo para adorno? ¡Claro que no! Se las dieron para que las tocasen y alabasen al Señor con ellas. Igual que a nosotros, el Señor nos ha dado a muchos la habilidad de expresarnos a través de algún instrumento musical. Es necesario que utilicemos esta habilidad que nos ha dado, ya que en aquel gran y terrible día final, Él nos pedirá cuentas por los dones musicales que ha puesto en nosotros. Más nos vale «negociar» con esos talentos y hacerlos crecer y rendir más, no vaya a ser que nos pase como a aquel siervo infiel en la parábola de los talentos (Mateo 25.14-30).

Hay mucho que podemos decir acerca de los talentos. Estoy seguro que muchos no nos hemos dado cuenta de la cantidad exacta de talentos que Dios ha puesto en nosotros y que el día del juicio, cuando pedirá cuentas, será la primera vez que nos enteraremos de que teníamos algo depositado. Es importante ir buscando y desarrollando los talentos que el Señor probablemente haya puesto en nuestras vidas porque, al igual que las arpas que tienen los veinticuatro ancianos, si los tenemos, es para poderlos usar en alabanza a Él. Recuerdo de niño que mi mamá nos sometía a mis hermanos y a mí a un sinfín de actividades y de clases sólo para ver si teníamos aptitudes en ciertas áreas. Por eso, por un tiempo estudié dibujo a lápiz, pero eso era algo que Dios no había puesto en mí. Después, tomé clases de pintura y de ahí resultaron unos originales en óleo que cuelgan en la casa de mi mamá, y quizá algún día tengan mucho valor, porque sólo hay una colección de tres. A raíz de esta convicción que ella tenía, conocimos que mis dos hermanos podían pintar extraordinariamen-te bien, además de poseer dones en la música, al igual que mis dos hermanas. Todo porque unos papás, al entender el principio bíblico de los talentos decidieron esforzarse y ayudarnos a tener estudios en todas las áreas que pudimos. No puedo imaginarme qué hubiera sucedido si mis papás no me hubieran insistido que estu-diara la música. ¡Quizá hoy en día estaría ven-diendo tacos! Busque en su propia vida, si tiene la manera de hacerlo, y vea si tiene apti-tudes y dones en diferentes áreas porque, de seguro, en aquel día el Señor le preguntará, por ejemplo: «Hijo, hija, ¿por qué nunca tocaste el violín?» A lo cual usted quizá responderá: «Se-ñor, no sabía que podía tocarlo». El Señor le va a contestar: «Tampoco lo intentaste, ¿verdad?» Usted: «Este... es que... eh...»

Definitivamente, si en el cielo hay música acompañando las declaraciones, la alabanza, adoración y las acciones de gracias, necesita-mos buscar la manera de desarrollar todo lo posible la música aquí, ahora. Tenemos un Dios muy musical, al fin de cuentas a Él es a quien se le ocurrió la idea de la música. Vayamos usándola para Él y para Su gloria y exaltación, como también lo hacen «allá en el cielo».

6) Cántico nuevo

«Y cantaba un cántico nuevo[...]» (5.9), «[...] can-taba un cántico nuevo delante del trono[...]» (14.3), «[...] cantaba el cántico de Moisés[...]» (15.3).

Esta es una de las áreas de alabanza y adoración que más me intriga a mí, en lo personal. Es una de las expresiones que más me llama la atención, por lo variado, por lo hermoso y por lo significativo que puede ser en la vida de una persona. Igualmente, veo que es una de las expresiones menos usadas en la iglesia latinoamericana, en términos generales. Dios puso una carga en mi corazón, hace algunos años, acerca de compartir más sobre el cántico nuevo, porque creo que debemos haber más personas cantándolo. En esta ocasión vamos a verlo brevemente, tocando sólo algunos de los puntos más importantes.

Al escuchar el término «cántico nuevo», hay varias maneras de verlo: 1) Sencillamente eso, un canto nuevo, nunca antes cantado. 2) Un canto nuevo para uno. 3) Un canto espontáneo y 4) un canto profético. Veámoslos uno por uno.

1) Un canto nuevo

Es hermoso ver en estos tiempos, donde el Señor está restaurando la alabanza y la adoración a muchos de nosotros, la cantidad extraordinaria de cantos nuevos que están surgiendo a través de toda América Latina. Es un deleite ver la cantidad de compositores que Dios ha levantado para escribir cantos nuevos para nuestras congregaciones. No sé si usted se ha dado cuenta que la mayoría de los cantos que están siendo escritos tienen contenido, aparte de belleza musical. Considero que esto es importante, en especial, que lleven un gran contenido de la Palabra. Necesitamos cantos que estén declarando las verdades establecidas en la eterna e infalible Palabra de Dios. Aplaudo a los compositores como Juan Salinas, Gustavo Ordoñez, Miguel Cassina, y muchos otros que Dios ha levantado en estos tiempos para traernos la frescura del «cántico nuevo», pero con gran contenido en su letra. No sé si usted ha sentido igual que yo en alguna ocasión cuando nos enseñan un canto nuevo en la congregación. ¿Verdad que se canta con gusto una buena canción que acabamos de aprender? Es como comerse una rebanada de pan fresco, recién salido del horno, con mucha mantequilla encima. Es precioso poder cantar canciones nuevas, y necesitamos hacerlo lo más posible, sin irnos al otro extremo, que también existe en algunas congregaciones, de enseñar dos o tres cantos nuevos cada semana. Un canto nuevo puede elevar la alabanza y la adoración a nuevos niveles porque se canta teniendo que pensar en la letra y no en «piloto automático» (de lo cual hablaremos más en el próximo capítulo). Al tener que pensar en la letra nos lleva a nuevas alturas en nuestro compromiso con el Señor. Un canto que lleva la unción, la frescura y el respiro del Espíritu Santo, puede romper yugos, traer quebrantamiento, liberación, sanidad y muchas otras cosas que el Señor quiere hacer entre Su pueblo. Aprendamos de vez en cuando un canto nuevo en nuestra congregación. Quiero animar a los líderes de alabanza

que están en pos de nuevo material de música
para dar a conocerlo a la congregación, que
busquen los casetes producidos por los diferentes ministerios que Dios está levantando para
poder comunicar la frescura de estos cantos a
sus congregaciones. Sólo tengan cuidado de no
saturar a su congregación con «cánticos nuevos».

2) Un canto nuevo para usted

En estos tiempos, en que tantas cosas están
sucediendo en la música cristiana, y que Dios
está levantando a tantos hombres y a tantas
mujeres para que nos brinden la música y los
cantos que Él les ha dado, tenemos a muchas
personas que nunca han escuchado los himnos
antiguos, y a muchos otros que no han escuchado los cantos nuevos. Para ambos grupos de
personas existe este aspecto del «cántico nuevo»: un canto nunca antes escuchado o cantado
por usted, que quizá tenga mucho tiempo de
existencia, lo que lo hace «viejo» en el sentido
cronológico, sin embargo es nuevo para usted,
precisamente porque nunca lo ha escuchado.
Cada día me asombro más y más por la cantidad de jóvenes y señoritas que nunca han escuchado los himnos antiguos, que el Señor nos
dejó por medio de grandes hombres y mujeres
que Él usó en su día. De igual manera, me
asombra la cantidad de hermanos mayores que
ya tienen años en la iglesia, y nunca han escuchado los cantos nuevos que el Señor está trayendo a Su Iglesia, por medio de igualmente

grandes hombres y mujeres que Él está usando en este día. Los dos grupos necesitan encontrar un justo medio ya que de ambos lados del asunto están cantos que pueden ser de bendición, edificación, enseñanza y motivación para todos.

Hace un tiempo atrás, corrió un rumor en mi país, México, que «a Marcos Witt no le gustan los himnos». Dice la historia que en una ocasión, estando predicando por ahí, tomé en mis manos un himnario, lo descuarticé, lo hice polvo bajo mis pies, y tire los pedacitos a los cuatro vientos. Cuando este «incidente» llegó a mis oídos me dio mucha risa. Justo, en ese momento, el Señor había puesto en mi corazón hacer una grabación de algunos himnos antiguos, que canté al estar creciendo, y grabarlos con un estilo contemporáneo para ofrecer a toda esta nueva generación de jóvenes y señoritas algunos de los grandes cantos que tenemos en nuestra herencia cristiana. El rumor no pudo haber llegado en momento más ridículo. ¡Cómo le gusta hablar a la gente! Todo lo contrario a lo que dicen los que propagan esa historia (porque me he dado cuenta que la siguen contando), no tan solo creo en los himnos, sino que estoy haciendo un esfuerzo por resucitarlos entre esta nueva generación de creyentes. Por ello fue que grabamos el primero de una serie de casetes que se llama «Proyecto: Himnos», en el cual canta mi mamá, y los arreglos y producción están a mi cargo. Estamos queriendo grabar varios más en el futuro, si Dios nos lo permite.

Para cerrar esta sección, me gustaría hacer un llamado a los dos grupos a los que hago mención: que ambos busquen los cantos que son «nuevos» para ellos. No sería mala idea que en una congregación, donde sólo cantan los himnos antiguos, les permitieran a sus directores de música y alabanza introducir, de vez en cuando, alguno de los coros nuevos que se están cantando en otras iglesias ahora. De la misma manera, a la congregación donde nunca cantan los himnos antiguos, les diría que se están perdiendo de una gran bendición, ya que hay algunos himnos hermosos con doctrina, enseñanza y fundamentos de la fe en su letra. Resuciten ambos algunos de estos cantos que son «nuevos» para usted y les aseguro que será de gran bendición para su vida y la de su congregación.

3) Canto espontáneo

Esta es otra de las preciosas expresiones que el Señor nos ha dado para mostrarle nuestro corazón: Cantarle espontáneamente un canto nunca antes cantado o aprendido. Encontramos varias ocasiones en la Biblia donde esto sucede, pero primero quiero llevarles a un pasaje muy interesante. Efesios 5.19 dice: «[...] hablando entre vosotros con salmos, con himnos y cánticos espirituales[...]» También en Colosenses 3.16 se dice más o menos lo mismo: «[...] cantando con gracia en vuestros corazones al Señor con salmos e himos y cánticos espirituales[...]» Lo de cantar salmos lo hemos estado haciendo muy bien, en los últimos años, en la mayoría de nuestras congregaciones. Un salmo es un estilo de canto. El libro de los Salmos llegó a tener ese nombre, precisamente por la forma estructural que tienen los cantos de ese libro. Normalmente, es una canción corta, sin versos, que trata algún tema en particular, o que invitan a algo, en fin. En el caso de los Salmos, exaltan algún aspecto del carácter y de la personalidad de Dios. Un salmo es conocido como tal por su estilo, construcción, contenido temático, etc. Estos los hemos estado cantando por mucho tiempo en la Iglesia. Los himnos... ni se diga. Por siglos hemos cantado los himnos. Igualmente, un himno se distingue por su construcción musical. Un himno es muy diferente a un salmo. Por ejemplo, en todos los países del mundo existe un «Himno Nacional», cuyos ciudadanos cantan con entrega y devoción en algún evento cívico o patriótico. Estos, normalmente, contienen un sinnúmero de estrofas ligadas por un coro, al cual regresamos cada vez que terminamos una estrofa. En la Iglesia, históricamente hablando, hemos cantado los himnos desde hace mucho tiempo, y los seguiremos cantando. Pero esto me lleva a la siguiente pregunta: ¿Qué ha sucedido, entonces, con los «cánticos espirituales»? De eso le quiero hablar. Tenemos la oportunidad de aprender a entonar cantos «espontáneos», no aprendidos para expresar nuestro corazón al Señor.

De nuevo, uno de los mejores ejemplos que

hallo para explicar estos cantos espontáneos, lo he encontrado en mis hijos. A fin de cuentas el Señor fue quien dijo: «En la boca de los niños y de los que maman, se perfecciona la alabanza» (Mateo 21.16). En nuestros niños podemos encontrar muchos ejemplos sobre la alabanza y adoración. ¿Cuántas veces ha estado usted, papá o mamá, conduciendo su coche por la ciudad o el campo o simplemente en su casa, sin hacer nada, cuando comienza su hijito o su hijita a cantar algo que no es un «canto»? No tiene construcción artística ni sentido, rumbo ni tema definido. Sin embargo, lo entona como si fuera uno de las canciones más antiguas que se hayan conocido. Cantan de los pajaritos que ven volando en ese momento, de las vacas que ven en el campo, o de lo maravilloso que es su mamá o su papá. Pues este es un cántico nuevo. Algo que en ese momento expresa lo que hay en el corazón de ese chiquitín y sale en la forma de un canto. Otro ejemplo es uno que me robé, con su permiso, de mi gran amigo Gustavo Ordoñez. El cantar un cántico espontáneo es similar a las tarjetas de felicitación que a veces hemos recibido o que a veces nos ha tocado la terrible tarea de tener que comprar. En las pocas ocasiones que he tenido que hacer eso, casi me muero de la desesperación de no saber qué tarjeta comprar, porque la mayoría se expresan de una manera distinta a cómo me expresaría hacia la persona a quien le pienso enviar la tarjeta. Son el producto de la imaginación y creatividad de otro. ¿Cuántas veces hemos recibido una de esas tarjetas y lo primero que leemos es la parte de abajo donde la persona que nos la ha enviado ha escrito algo de su propia inspiración? Después, leemos lo que está impreso. ¿Por qué leemos la parte de abajo primero? Porque sabemos que eso es lo que aquella persona quizo decirnos personalmente, íntimamente, algo de su propio corazón, y, al fin de cuentas, eso es lo que más nos interesa, ¿no es cierto? Ahora, a todos se nos encomendó, de seguro, la tarea de hacerle una tarjetita a nuestras mamás en el Día de las Madres, que se celebra cada año en el mundo entero. Nuestras maestras nos daban una hojas de cartulina o de papel, unas crayolas y nos ayudaban a construir una «tarjeta» para mamá. En esa hoja comenzabamos a «dibujar» quizá un corazón o un pajarito volando entre unas nubes, encima de una casita, que tenía un árbol al lado y el sol (como siempre) sonriente. ¡Obras de arte no eran! La mayoría teníamos al pajarito con el ala rota o la casa toda chueca, el árbol inclinado hacía un lado, o el corazón todo descuadrado y mal hecho. Abajo le escribíamos: «'Amá... eres la más preciosa del mundo. Te quiero muchote». A pesar de que la tarjeta no tuviera un centavo de valor artístico, la mamá que recibe una «tarjetita» de esas lo valora como si fuera el tesoro del conde de Monte Cristo. ¿Por qué? Porque es la expresión espontánea, no fingida, de su hijito o de su hijita. A ella no le importa que esté descuadrado. Lo que la conmueve es el sentimiento del corazón de su bebé. Igual con los «cánticos nuevos», espontáneos. Quizá estén descuadrados y desafinados, pero son una «tarjetita» personalizada que le podemos ofrecer al Señor, para describir en ese momento lo que estamos sintiendo por Él en nuestro corazón.

Uno de los eventos en la Biblia que nos muestra mejor la validez de los cánticos espontáneos lo encontramos en Éxodo 15. ¿Recuerda que uno de los versos que leímos en el Apocalipsis se refería al «cántico de Moisés»? Pues, vamos a verlo por un momento.

Después de siglos de vivir en esclavitud, el Señor envió a Moisés para liberar al pueblo de Israel de la mano subyugadora del faraón egipcio. La mayoría conocemos la historia de cómo se le endureció el corazón y Dios tuvo que tratar severamente con él para que dejara en libertad a los israelitas. Después de perder a su hijo primogénito, al fin el faraón los deja ir. Pero en dos o tres días se arrepiente de haberlo hecho y empieza a marchar tras ellos. Mientras tanto, Moisés junto con el pueblo, había llegado al Mar Rojo, y no tenían manera de escaparse a ningún lado, ya que de ambos lados habían cerros. Imagínelo por un momento: el Mar Rojo por delante, los cerros a cada lado y el ejército feroz e inmisericorde del faraón por detrás. Este grupo de «fanáticos religiosos» regresaría a la esclavitud, según el faraón.

Dios le da un plan a Moisés: extender la va-

ra y Él se encargaría de todo lo demás. Delante
de los ojos de todo el pueblo, Dios separó el
agua del Mar Rojo, secó la tierra y los israelitas
cruzaron al otro lado sin ningún problema. Puedo imaginar que para quienes habían dudado del
poder de Dios, esto debe haber sido una gran
lección. Ya del otro lado, todos voltean y ven que
el faraón también ha aprovechado la situación y
viene cruzando con todo su ejército. Puedo creer
que muchos empezaron a gritar y a decirle a
Moisés: «Ya, dile al Señor que le cierre. Nos van
a alcanzar». Cuando de repente, ¡WOOSH! Delante de los ojos de todo el pueblo, Dios cerró las
paredes de agua en el mar y sepultó al faraón
con todo su ejército. Recuerde: ¡Delante de los
ojos de todo el pueblo, Dios los había liberado de
la esclavitud de Egipto de una manera espectacu-
lar! ¿Se puede imaginar lo que sintieron todos, de
repente? Me imagino que por unos tres minutos
hubo un silencio total de incredulidad, seguido
por un sonido insoportable de regocijo, celebración y gritos de júbilo. Podemos creer que hubiera sido muy similar a los «estruendos de muchas
aguas» que escuchó Juan en el cielo. Ahora bien,
¿cómo cree que Moisés reaccionó? Debe haber
subido sobre una roca grande, levantado la vara
para callar a todo mundo y haber dicho: «Hermanos, con ese mismo espíritu de regocijo, cantemos al Señor por esta gran victoria. Abran sus
himnarios en la página número 233 y cantemos
juntos en la primera y tercera estrofa. ¿Listos?».

Discúlpeme, pero no creo que fuera así. Al

contrario. Creo que Moisés, junto con el pueblo, estuvo gritando de gozo, celebrando esta gran victoria. En ese momento, ¿cuál sería el canto adecuado? De todos los cantos, salmos e himnos que existían, ¿cuál podrían haber cantado en ese momento para expresar el gozo específico que estaban viviendo? ¡NINGUNO! Había que hacer uno nuevo, uno que describiera el momento y el sentir en el corazón para esa circunstancia en particular. Así también los «cánticos espirituales» nos permiten entonar cantos espontáneos, no aprendidos, para expresarle lo que ninguna otra canción o himno puede expresar. Hagamos «tarjetitas» personalizadas al Señor por medio de los cánticos nuevos que permitimos salir de nuestro corazón. Déle lugar a esta expresión en su vida personal y congregacional. Cantemos los cánticos espontáneos.

4) Cánticos proféticos

Este es el otro aspecto del «cántico nuevo» que me intriga, porque tiene dimensiones que creo aún no hemos conocido, porque este es el canto que nos canta el Señor a nosotros, su pueblo. En Crónicas la Biblia lo llama el «cántico de Jehová» (2 Crónicas 29.27) y en otro pasaje simplemente es «su cántico» (Salmo 42.8). Hay muchas referencias en la Biblia que hablan de que nuestro Dios canta. Veremos algunas de ellas, pero la más bella de todas se encuentra en Sofonías 3.17:

Jehová está en medio de ti, poderoso, Él salvará; se gozará sobre ti con alegría, callará de amor, se regocijará sobre ti con cánticos.

¡Qué cuadro tan bello nos podemos imaginar al pensar en nuestro Dios cantándonos a nosotros! Muchos hemos pensando que sólo nos corresponde a nosotros cantarle a Él, pero también a Él le gusta cantar. No cabe duda que hay muchas cosas que nos quiere hablar en Sus cantos, sólo que necesitamos conocer más con respecto a esta área casi abandonada en la iglesia moderna, para poder fluir más en ella. Creo con todo mi corazón que hay muchos cantos, muchas revelaciones que el Señor tiene para nuestras vidas, muchas exhortaciones que nos quiere hacer a través de los cantos proféticos. Necesitamos ir aprendiendo a ser sensibles a la voz cantada del Señor y a escuchar lo que Él tiene que cantarnos. En el prólogo les conté de una persona que me impactó grandemente de joven porque se sentaba al piano y comenzaba a cantar el cántico del Señor. Desde ese momento, le pedí al Señor que me diera lo que tenía este hermano, y ha sido una bendición ir desarrollando este aspecto de mi vida de adoración. Pero creo que hay más y más personas por quienes Dios quiere cantar proféticamente, revelándonos sus planes, sus pensamientos y Su carácter.

Uno de los pasajes que más apoyan el que

Dios habla por medio del canto se encuentra en el libro de Deuteronomio 31.19:

> Ahora pues, escribíos este cántico, y enséñalo a los hijos de Israel; ponlo en boca de ellos, para que este cántico me sea por testigo contra los hijos de Israel.

En el pasaje 31.22.

> Y Moisés escribió este cántico aquel día, y lo enseñó aquel día a los hijos de Israel.

Y en 31.30.

> Entonces habló Moisés a oídos de toda la congregación de Israel las palabras de este cántico hasta acabarlo.

Este es un ejemplo perfecto de un canto profético: la voz del Señor cantando cosas tremendas a Su Iglesia. En los Salmos vemos que muchos de los cantos son cantados por el Señor HACIA NOSOTROS. Estos son cantos proféticos. Necesitamos aprender más acerca de esto para poder ejercerlo más dentro del Cuerpo de Cristo. La música, el canto y las alabanzas tienen algo en común y eso es el espíritu profético que contienen. En 2 Reyes 3.15 vemos que Eliseo pidió que le trajeran a un músico para poder profetizar. La música y el cántico ayudan a desatar la palabra profética de Dios. Necesitamos incursionar más en estos terrenos, con sabiduría, con delicadeza, sin perdernos, sin embargo, de esta bendición sólo por falta de conocimiento. Vayamos aprendiendo a cantar el canto profético.

Estas son algunas de las cosas que podemos esperar «allá en el cielo». Le puedo asegurar que los únicos que van a entrar son aquellos que han sido lavados con la Sangre del Cordero, y por lo que alcanzamos ver a través de la revelación de Juan, la mayoría de ellos, por no decir todos, son verdaderos adoradores que han aprendido a adorar con arrojo, con entrega y entusiasmo. ¿Se pudo ver en el cielo cantando y adorando al estar leyendo estos pasajes? ¿Ya se dio cuenta que Juan nos vio a usted y a mí? Nunca es tarde. Si aún no ha aprendido a ser un verdadero adorador, ahora es cuando hay que hacer el compromiso, porque ya estando allá, no tendrá opción. Allá, ¡o adora o adora! Pero, vayamos de una vez aprendiendo cómo hacerlo aquí, ¿qué le parece? Vayamos aprendiendo a ser verdaderos adoradores aquí en la tierra, para que cuando lleguemos «allá» no se nos haga tan difícil.

Mi gran amigo Chuy Olivares tiene una predicación llamada «Alabanza y adoración: Doctrina eterna». Básicamente, se trata de todas las diferentes doctrinas que enseñamos como Iglesia y como líderes. De todas ellas, la única que va a durar por toda la eternidad es la alabanza y la adoración. Piense por un momento en todas las doctrinas que enseñamos. La salvación, ya no será necesaria en el cielo. La justificación, ya no será necesaria en el cielo. El bautismo, ya no será necesario en el cielo. El evangelismo, no lo necesitaremos más en el cielo. El diezmo, no será necesario ya más en el cielo (todos los hermanos tacaños dijeron «gloria a Dios»). Sin restarle la importancia que cada una de estas doctrinas tiene para nuestras vidas, sólo le señalo que de todas ellas la que sí durará por toda la eternidad es la de la alabanza y adoración. Entiendo que no es el todo, sino una parte del todo y mientras estemos aquí en la tierra necesitamos enseñar «todo el consejo del Señor». Pero sí es interesante hacer la nota, reconociendo la importancia que tiene para nuestras vidas. El darle siempre acciones de gracias, alabanzas y adoración, es algo que estaremos haciendo por mucho tiempo «allá en el cielo».

Le tengo una pregunta: ¿Está haciendo sus planes para ir con nosotros «allá»? Espero que sí. Entonces, prepárese para hacer mucha música con cánticos nuevos, declaraciones ruidosas y fuertes, junto con acciones de gracias, honra y gloria. Y no se le olvide la característica más importante para llegar allá: Mantener su vida siempre postrada delante del Trono de Dios y permitir que Él sea el único que reine y gobierne en su vida.

¿Estará dispuesto a hacerlo? Entonces acaba de tomar otro paso más en llegar a ser un verdadero adorador.

PROBLEMAS COMUNES EN LA ALABANZA Y ADORACIÓN

$\mathcal{E}$N esta sección analizaremos algunos de los impedimentos más frecuentes en la vida de las personas que desean entrar en una dimensión más profunda en la alabanza y adoración, pero que batallan con algunos conceptos equivocados que tenemos que señalar para poderlos deshacer.

En la mayor parte de los casos, me he dado cuenta que la razón principal de tener muchas de estas ideas erróneas es, simplemente, la falta de conocimiento (Oseas 4.6). Una vez que sacamos esas ideas erróneas a la luz de la Palabra, y las descubrimos como potenciales problemas en nuestra vida, podemos atacarlas con ímpetu, y de esta manera llegar más cerca a la meta de ser «verdaderos adoradores».

Es una lástima que mucha gente haya permitido que algunos de estos malos conceptos les impida tener la plenitud de las bendiciones al ser un morador en Sion (un verdadero adorador). ¿Recuerda el capítulo ocho donde vimos todos los beneficios de vivir en la habitación de Dios? Pues, no deje que nada ni nadie le robe todas las bendiciones que hay para usted a través de la experiencia de acercarnos ante el Trono de la gracia y de estar cerca del corazón mismo de nuestro Señor, porque: «En Su presencia hay plenitud de gozo[...]» (Salmo 16.11).

Vea si algunos de los conceptos que hablaremos aquí son con los que usted batalla, y permita que el Señor le ayude para ir destruyéndolos en su vida para que pueda estar más cerca de llegar a ser un verdadero adorador.

«No me nace»

Esta es, quizá, una de las frases que más hemos escuchado, a través de los años, de boca de las personas que sinceramente creen que al no nacerles el adorar al Señor, están exentos de hacerlo. Se basan en la idea equivocada de que si «no me nace» entonces es una falta de sinceridad, y por lo mismo, no deben adorar al Señor.

Otra frasecita que oímos mucho es «no siento», dando a entender exactamente lo mismo que lo anterior. Hay varios problemas con esa forma de pensar. En primer lugar, como ya lo hemos señalado en algunos capítulos anteriores, al Señor no se le da la alabanza y adoración en base a lo que YO SIENTA o no sienta, sino en base al eterno hecho y a la eterna verdad fundamental de que ÉL ES DIGNO de ser adorado, siéntase usted como se sienta.

El sentimiento suyo o mío no cambia EL HECHO de que Él sigue siendo DIGNO de recibir toda la honra, gloria y adoración. Es indispensable, para llegar a ser un verdadero adorador, que establezcamos ese principio en nuestra vida de adoración, entonces podremos rendirle gloria en cualquier momento, «bajo» cualquier circunstancia, no importando la situación, porque reconocemos que Él es Dios, digno de recibirla.

Los que somos padres podemos entender un poco más este concepto. ¿Por qué ama a su hijo? La respuesta no es porque nunca le da problemas, o porque siempre es obediente, sino que simplemente usted y yo amamos a nuestros hijos porque son nuestros hijos. Francamente, creo que usted podrá coincidir conmigo con el sentimiento de que en algunas ocasiones no nos «nace» amar a nuestros hijos; «no sentimos» darles cariño y, sin embargo, lo hacemos porque son quienes son: nuestros hijos. Igual con el Señor. Nuestro amor con Él no debe basarse en nuestros sentimientos sino en los hechos poderosos de que Él es digno y que además es nuestro Padre celestial.

En segundo lugar, esta mentalidad pierde el enfoque de la importancia que debe tener en nuestra vida la obediencia. En cientos de ocasiones el Señor, en Su palabra, nos ordena que le alabemos y le adoremos. ¿Por qué, entonces, nos «reservamos el derecho» de hacerlo sólo cuando nos da la gana? ¿No cree usted que una de las cosas que agrada a Dios es la obediencia de Sus hijos?

De nuevo, como padres terrenales podemos aprender una lección muy buena de nuestros hijos. ¿No es cierto que cuando nuestros hijos son obedientes a nuestras órdenes o deseos, las cosas fluyen mejor en el hogar?

Siempre que hay desobediencia se rompe la relación, entra la discordia y la falta de comunicación. Muchos, echándole la culpa a la «sinceridad», simplemente se han pasado de desobedientes y probablemente pueda ser una de las razones por las que no experimentan la bendición total del Señor en Sus vidas, porque donde hay desobediencia hay rebelión, y Dios no puede bendecir la rebelión, sino al contrario la castiga severamente.

Nos basta con leer lo que le sucedió al rey Saúl por querer hacer las cosas «a su manera» y no seguir las instrucciones específicas del Señor (1 Samuel 15). La lección principal de todo este acontecimiento se resume en el verso 22 del capítulo 15, donde el profeta dice: «¿Se complace Jehová tanto en los holocaustos y víctimas, como en que se obedezca a las palabras de Jehová? Ciertamente, el obedecer es mejor que los sacrificios, y el prestar atención que la grosura de los carneros».

¿Cómo es posible que le digamos «Señor», y sin embargo no estemos dispuestos a obedecerle en todo, incluyendo la alabanza y la adoración? De ahí es donde salen los «evangelios personales»: cada quien predicando su propio estilo del evangelio, con un enfoque de mucha conveniencia personal.

Es interesante notar que la palabra «Señor» significa «dueño, máxima autoridad, jefe...» ¿Cómo es que le decimos «jefe» y «máxima autoridad», pero le rendimos alabanza cuando nos nace? No puede ser posible. Necesitamos ajustar esta área de nuestra vida cristiana y reconocer que es mejor obedecer que hacer lo que nosotros pensamos que se debe hacer.

Hace años, pensando precisamente en este punto, recordé que hay muchas cosas que hacemos en la vida por obediencia. De niño, recuerdo que mi mamá me mandaba a la tienda para traer leche y pan, un rito de casi todas las tardes.

No le puedo decir la cantidad exacta de veces que «no me nacía» ir a hacer esta tarea, pero fácil eran más de 1,337 veces. Le aseguro que nunca permití que de mi boca salieran las palabras «no me nace», porque lo más probable es que si hubiera dicho eso en alguna ocasión, ¡no estaría vivo el día de hoy para contárselo! Bueno, no tan drástica era la situación, pero sí me puedo imaginar que mi mamá o papá me hubieran contestado: «Pues, que te vaya naciendo», mientras buscaban el cinto con el cual darme una buena tunda.

Hay muchísimas cosas que hacemos por pura obediencia. Otro ejemplo: todos recibimos de vez en cuando una factura de lo que debemos a la compañía que nos presta el servicio para tener luz y energía eléctrica en nuestras casas.

No conozco a una sola persona que se levante en la mañana, sonría ante el espejo al estar peinándose y con una voz de alegría y de regocijo diga: «Hoy voy a pagar la cuenta de la luz eléctrica, porque me nace hacerlo». O, «¡Cuántas ganas SIENTO de pagar la cuenta de la electricidad! ¡Nunca antes había sentido tanta emoción por ir a darle todo mi dinero a esas personas que me brindan tan amablemente ese servicio!»

Quizá, a estas alturas, usted se esté riendo de esta situación hipotética porque bien sabe que la mayoría de nosotros dejamos esos pagos hasta el último amargo momento, precisamente, porque no es algo que nos «nace», y sin embargo, lo pagamos, ¿verdad? ¿Por qué? Porque sabemos que si queremos seguir recibiendo el beneficio, tenemos que cumplir con nuestra responsabilidad.

No tiene absolutamente nada que ver con que si nos nace o no, sino con nuestra obligación, nuestro deber, nuestra responsabilidad y nuestra obediencia.

Igual, en este asunto de la alabanza y adoración, lo hacemos: 1) porque Él es digno, y 2) porque soy obediente a Sus mandatos. Consideremos algunos de estos mandatos por un momento. Al leerlos, observaremos que no son «recomendaciones» que el Señor nos hace sino mandamientos, no son «opciones» sino órdenes muy claras que el Señor espera obedezcamos.

Cantad a Jehová, que habita en Sion; *publicad* entre los pueblos sus obras.

Salmo 9.11

Tributad a Jehová[...] *dad* a Jehová la gloria y el poder. *Dad* a Jehová la gloria debida a su nombre; *adorad* a Jehová en la hermosura de la santidad.

Salmo 29.1,2

Cantad a Jehová, vosotros sus santos, y *celebrad* la memoria de su santidad.

Salmo 30.4

Amad a Jehová, vosotros todos sus santos.

Salmo 31.23

Alegraos, oh justos en Jehová; en los íntegros es hermosa la alabanza. *Aclamad* a Jehová con arpa; *cantadle* con salterio y decacordio. *Cantadle* cántico nuevo; *hacedlo* bien, tañendo con *júbilo*.

Salmo 33.1-3

Aclamad a Dios con alegría, TODA LA TIERRA. [Si no me equivoco, esto nos incluye a usted y a mí]. *Cantad* la gloria de su nombre; *poned* gloria en su alabanza. Decid a Dios[...] Venid y ved las obras de Dios[...] *Bendecid pueblos, a nuestro Dios, y haced oír* la voz de su alabanza.

Salmo 66.1,2,3,5,8

Cantad a Dios, *cantad* salmos a su nombre; *exaltad* al que cabalga sobre los cielos. JAH es su nombre; *alegraos* delante de él.

Salmo 68.4

Cantad con gozo a Dios, fortaleza nuestra; al Dios de Jacob *aclamad* con júbilo. *Entonad* canción y *tañed* el pandero, el arpa deliciosa y el salterio. *Tocad* la trompeta en la luna nueva, en el día señalado, en el día de nuestra fiesta solemne. *Porque estatuto es de Israel, ordenanza del Dios de Jacob.*

Salmo 81.1-4

Otro versículo más claro que este último no puede haber. Si alguien tuvo alguna duda respecto a que si era o no un mandamiento, espero que haya quedado disipada. Si no, lea los siguientes pasajes también:

Salmos 96.1-12; 97.1,12; 98.1,4-9; 99.5,9; 100.1-4; 105.1-6; 107.1-2,15,21-22,31-32,42; 113.1; 117.1; 118.1-4; etc.

Quizá usted está pensando: «Qué frío, qué impersonal el adorar al Señor sin que le nazca a uno, sino que sólo por obediencia». Esto me trae al tercer punto de esta sección. ¿Se acuerda que el Padre está buscando adoradores en «espíritu y verdad» (Juan 4.23)? Ya vimos algo de esto en el capítulo cuatro, pero creo que es importante volverlo a repasar, ya que es una de las áreas más débiles en la vida del adorador.

Como ya lo hemos dicho anteriormente, creo que todos estamos de acuerdo en que somos seres tripartitos: somos espíritu (principalmente), tenemos alma y vivimos en esta cosa llamada cuerpo.

Lo que muy pocos recordamos de manera diaria es que lo eterno de nuestro ser no es ni el alma, ni el cuerpo, sino el espíritu. El espíritu del hombre es el que estará delante del gran trono blanco, en el día del juicio, dando cuentas por todo lo que hicimos en esta tierra. No será nuestra carne, ni nuestra alma. Es por eso que necesitamos aprender a ser cristianos «espirituales», permitiendo que nuestro espíritu esté en control de todos los asuntos en nuestra vida, porque en el espíritu del hombre es donde mora el Espíritu de Dios, ambos se comunican y tienen una relación, o deben tenerla.

Es por eso que el apóstol Pablo deseaba que fuésemos cristianos espirituales y no carnales (véase 1 Corintios 3.1-3), porque entendía que si nuestro espíritu está en control de nuestra vida, muy probablemente el Señor está en control; pero si nuestra carne gobierna, somos simplemente cristianos carnales.

Otros pasajes, que se me hicieron muy interesantes al estudiar esto, se encuentran en Romanos, capítulos 5 al 8, que nos presentan la problemática de la carne versus el espíritu, un problema que todos tenemos desde el primer día que entramos en el Reino del Señor.

Constantemente está la lucha de estas dos fuerzas en nuestra vida. ¿Quién ganará? La respuesta es sencilla: el que tiene más fuerzas en nosotros, y el que tiene más fuerzas siempre es al que alimentamos más. Si le damos más alimento al espíritu, entonces él ganará las luchas que tenemos contra el pecado y la carne. Si le damos más de comer a nuestra carne, entonces la victoria será de ella, y el espíritu perderá. Por desgracia, hay cristianos carnales que están perdiendo muchas batallas en el espíritu porque él se encuentra débil, raquítico y sin fuerzas a la hora de tener que entrar al «ring» de la vida para pelear contra todas las asechanzas del enemigo.

Precisamente por esto, el apóstol Pablo insiste que seamos cristianos espirituales y no carnales (Romanos 8.9,12,13), para poder vivir en victoria espiritual, y no en derrota carnal.

Es igual en la lucha para llegar a ser verdaderos adoradores. Necesitamos aprender a permitir que nuestro espíritu dirija la alabanza y adoración al Señor y no nuestra carne, porque nuestra carne nunca tendrá «ganas» de alabar y adorar, pero el espíritu siempre estará dispuesto a hacerlo.

El salmista David tuvo el mismo problema que nosotros en este asunto y nos ayudó a encontrar la solución al problema cuando escribió el Salmo 103.1: «Bendice alma mía a Jehová, y bendiga todo mi ser su santo nombre». En estas palabritas resume todo el problema.

Con esas pocas palabras podemos encontrar las tres partes de nuestro ser: espíritu, alma y cuerpo. Ayúdeme a localizarlas. El alma es fácil de encontrar, porque la menciona claramente: «Bendice alma mía». El cuerpo no es muy difícil de encontrar porque dice «todo mi ser», y, en algunas traducciones hasta hace mención de las entrañas, o sea las partes físicas del escritor. Pero, ¿dónde se encuentra el espíritu en este pasaje? ¡Dando la orden! En esta ocasión, el salmista entiende que la única manera que su alma y su cuerpo adorarán es por medio de un espíritu, lleno del Espíritu Santo, dándoles la orden de hacerlo, porque de otra manera «¡no les naciera!» (énfasis del autor).

Es así como David pudo determinar cuándo alabar a Dios y lo hacía. No permitía que una parte de su ser tan independiente, rebelde y testaruda como lo era su cuerpo le dictara cuándo alabar o no a Dios. Igualmente, no permitió que algo tan vulnerable, indeciso y fluctuante como lo era su alma le dijera cuándo adorar a Dios, sino que lo puso en manos de su espíritu, quien, en relación con el Espíritu de Dios, les dictaba a los otros dos cuándo era el momento de adorar a Dios.

Con razón David pudo decir: «Alabaré al Señor en todo tiempo. Su alabanza de continuo en mi boca estará» (Salmo 34.1), porque su espíritu estaba en control de su adoración, no su alma ni su cuerpo.

Si usted quiere ser un verdadero adorador del Señor, tendrá que aprender que: 1) Él es DIGNO de ser en gran manera alabado, 2) tiene que ser OBEDIENTE a Sus mandatos, y 3) es necesario ser un adorador «ESPIRITUAL», es decir, permitir que su espíritu (lleno del Espíritu de Dios) esté en control de su alabanza y adoración. Si ha podido entender estas tres razones, nunca volverá a decir «no me nace» o «no siento», sino que en lugar de usar sus energías para hablar esas palabras negativas, abrirá su boca y simplemente le comenzará a dar gloria, alabanza y honra, porque Él es digno, porque usted es un hijo o una hija obediente, y porque ahora su espíritu está en control de su alabanza y adoración.

El problema de lo emocional

El problema principal aquí es permitir que nuestras emociones (el alma) gobiernen en la alabanza y adoración. Para esto es importante repasar el primer punto. Cuando usted es un adorador «espiritual», no permite que sus emociones echen a perder su experiencia con el Señor, sino que sabrá encausarlas bien, no dejando que lo lleven al borde de la histeria en su tiempo de adoración.

Es muy cierto que las emociones fueron dadas por Dios para un propósito muy especial y es verdad que todos las disfrutamos de una u otra manera, pero Dios no nos ha dado las emociones para permitir que gobiernen y controlen nuestra vida, sino para traerle riqueza a la misma.

Todos hemos visto a algunas personas que permiten que sus emociones las controlen. La mayoría de estas personas terminan en hospitales psiquiátricos porque nunca aprendieron a utilizar sus emociones de una manera más correcta.

Todos hemos estado en alguna reunión, en la cual de repente la hermana «fulana» empieza a sentir una emoción tan fuerte que nos afecta a todos, porque la expresa abiertamente y a todo volumen. Recuerdo que de niño visitábamos la iglesia que pastoreaba mi abuelo materno en el estado de Georgia, en los Estados Unidos. En su congregación se encontraba una hermana que siempre, en algún momento climático de la alabanza, se ponía de pie, comenzaba a dar vueltas gritando locamente en alta voz, y nos dejaba temblorosos a todos los niños y adolescentes menores de 15 años de edad.

Al oírla «entrar en bendición» (porque esto es lo que decían que era), otras dos o tres hermanas o hermanos también, de repente, sentían «la unción», y en menos de lo que canta un gallo, teníamos un coro de cuatro hermanas o hermanos gritando, girando y haciendo cosas muy extrañas mientras que todos los demás mirábamos, unos asombrados, otros aburridos (porque lo veían en todas las reuniones), y otros espantados hasta los huesos.

¿De qué se trataba todo eso? Creo, sin caer en el papel de juez, que era falta de entendimiento sobre cómo canalizar correctamente las emociones fuertes que seguramente recibimos estando en presencia del Señor, y al no saber qué hacer, se causa un espectáculo muy interesante a todos los que están alrededor, con gritos o expresiones que se piensa son propios de una persona espiritual.

Creo que las intenciones de las hermanas fueron correctas, y sin duda estaban sintiendo algo. Pero muchas veces no estar quietos, no saber cuándo gritar ni cuándo dar vueltas ni cuándo aplaudir o cuándo llorar, ha impedido que fluyamos como un mismo cuerpo, con un mismo espíritu y sentir en ese tiempo de adoración como iglesia.

Le recuerdo que el apóstol Pablo tuvo que escribir a los corintios para arreglar algunos asuntos relacionados con el orden en la reunión corporal, en los capítulos 12 al 14 de 1 Corintios. En lo que a la reunión se refiere, es importante saber cómo hacer todo «decentemente y con orden» (14.40).

Hasta donde puedo ver en estos pasajes, Pablo no dice nada de cómo adorar en su tiempo privado con el Señor. Ahí, haga lo que quiera, pero en la reunión, aprenda a ser un adorador «espiritual», no emocional.

Recuerde que hay tiempo para todo y en

una reunión de alabanza y adoración, habrá un momento para que exprese casi cada una de sus emociones. Aproveche esos tiempos y fluya con el resto del Cuerpo para que todos sean edificados y bendecidos juntos, en lugar de que una persona «entre en bendición», y lejos de tener una expresión corporal, todo el Cuerpo se queda viendo el espectáculo que está desarrollando nuestra hermana o nuestro hermano emocional que no ha aprendido que el espíritu del profeta está sujeto al profeta (1 Corintios 14.32), y que tenemos un espíritu de dominio propio dado por Dios (2 Timoteo 1.7).

Cuando es tiempo de gritar, ¡a gritar se ha dicho! Cuando es tiempo de aplaudir, ¡todos aplaudamos! Cuando es tiempo de guardar silencio, ¡guardemos silencio! En fin, fluyamos como un solo hombre, como un solo Cuerpo que somos en Cristo Jesús. Controlemos de tal manera nuestras emociones para que la alabanza corporal sea una experiencia preciosa para nosotros, pero también para las personas que se encuentran a nuestro derredor.

«Hay algo que me detiene de alabar»

Esta frase la he escuchado muchas veces de personas muy sinceras, que desean entrar en una dimensión más profunda en su vida de adoración, pero sienten que por más que intentan y luchan, menos pueden lograr su objetivo.

Hay varios versículos en la Biblia que nos muestran algunas razones por las que estas personas posiblemente estén batallando para llegar a ser verdaderos adoradores:

1) Prisiones

Salmo 142.7: «Saca mi alma de la cárcel, para que alabe tu nombre». Muchas personas se encuentran atadas a distintas clases de prisiones en su vida. Algunos tienen las prisiones de complejos y de mentiras que han creído toda su vida. Es probable que alguien los haya menospreciado y maltratado por mucho tiempo y no han podido superar esos tratos que se han vuelto quizá en complejos de inferioridad o simplemente en un disgusto en la vida. Esta es una prisión que necesitamos que el Señor rompa en nuestra vida.

Otra prisión que puede existir en la vida de muchos es la de la religión o de costumbres religiosas. Es muy difícil, para algunas personas, romper con cierta manera de hacer las cosas simplemente por que tienen años haciéndolas, se han vuelto hábitos y ya no son una expresión del corazón.

Una de las frases que oigo mucho cuando estoy ministrando en diferentes lugares es esta: «Pero... es que nunca lo hemos hecho así en nuestra iglesia, no es nuestra costumbre», y por esa «costumbre» se han dejado robar algunas de las bendiciones que el Señor tiene para ellos en la alabanza y la adoración.

Esta es una de las prisiones más comunes entre la gente, porque las costumbres religiosas permiten aparentar un cierto aire de «espiritualidad» de tal manera que se puede engañar a los que están a nuestro alrededor, haciéndoles pensar que somos personas muy espirituales, pero en realidad sólo estamos haciendo aquello por pura fuerza de hábito y no porque haya un entendimiento de lo que hacemos y una expresión del corazón al estarlo haciendo. ¡Mucho cuidado con las costumbres religiosas! Han atado a muchas personas, impidiéndoles llegar a ser verdaderos adoradores.

Otra prisión muy común es la del temor. Temor de hacerlo bien, temor de hacerlo mal, temor de simplemente no hacerlo, o temor de ofender a Dios; en fin, hay miles de temores que agobian a la gente, impidiéndoles llegar a ser verdaderos adoradores.

Hay algunos que hasta temen que no serán recibidos por el Señor. ¡Qué terrible será vivir en ese estado de mente! Es necesario deshacer todos esos temores, en el nombre de Jesús, para poder entrar en una dimensión más profunda en nuestra adoración. Llénese de la Palabra, que lo colmará del conocimiento del amor de Dios, y ese amor echará fuera todo temor (véase 1 Juan 4.18).

Si usted es una de aquellas personas que ha deseado ser un adorador más profundo y comprometido y, sin embargo, ha sentido alguna resistencia, busque en su vida, a la luz de la Palabra de Dios para ver si existe alguna prisión allí que lo tiene atado e imposibilitado de seguir adelante en este camino de la adoración.

Jesús vino a romper todas las cadenas y a liberar a todos los cautivos, y en Él no tenemos por qué seguir viviendo en esas prisiones. ¡Sea libre para adorarle, en el nombre de Jesús!

> El Espíritu del Señor está sobre mí, por cuanto me ha ungido para dar buenas nuevas a los pobres; me ha enviado a sanar a los quebrantados de corazón; a pregonar libertad a los cautivos, y vista a los ciegos; a poner en libertad a los oprimidos; a predicar el año agradable del Señor. Y comenzó a decirles: Hoy se ha cumplido esta Escritura delante de vosotros.
>
> Lucas 4.18,19 y 21

2) Falta de enseñanza

El Salmo 119.171 dice: «Mis labios rebosarán alabanza cuando me enseñes tus estatutos». Muchos no podemos adorar mejor al Señor, o nos sentimos impedidos simplemente por falta de conocimiento.

Es asombrosa la cantidad de gente que, después de uno de los congresos que damos por los distintos lugares a donde vamos a enseñar estas cosas, viene conmigo y me dice: «Nunca me imaginé que había tanto en la Biblia sobre la alabanza y adoración», a lo que respondo: «Y apenas vamos empezando...»

Nunca podríamos terminar de hablar todas y cada una de las cosas que la Biblia enseña al respecto. Es un tema que nunca se podrá acabar, como nunca le podremos dar «demasiada» alabanza y adoración al Señor.

No importa si le alaba más de 24 horas del día, a todo volumen. Ni así podremos pagarle todo lo que Él ha hecho para y por nosotros. ¿No cree? Le animo a que siga buscando por su propia cuenta todo lo que pueda encontrar con relación a este tema para que sea una persona bien instruida y fundamentada al respecto. Otra cosa es inventar algo que no se encuentra en la Palabra, predicar «enseñanzas» que no tienen nada que ver con el balance y la equidad que la misma nos trae. Mucho cuidado, porque hemos visto cómo algunos, en un afán de querer enseñar algo «nuevo y diferente» se han ido a unos extremos que, francamente, no podemos documentar sólidamente en la Palabra.

Muchas de las personas que han adoptado y que son seguidores de algunas de estas «revelaciones» son aquellas que simplemente tienen «comezón de oír» (2 Timoteo 4.2-5), y nos corresponde a usted y a mí saber discernir entre lo que es la verdadera Palabra de Dios de lo que es una enseñanza desbalanceada y tendenciosa. Por eso, es indispensable que nos metamos usted y yo en la Palabra: ¡Es tan balanceada y fácil de entender!

No permita que su falta de conocimiento lo detenga de llegar a ser un verdadero adorador.

3) La muerte

El Salmo 115.17 dice: «No alabarán los muertos a JAH, ni cuantos descienden al silencio». Dice usted: «Pues eso es obvio», en cuanto a la muerte física se refiere, pero, ¿qué tal de los miles de nuestros hermanos que se encuentran en muerte espiritual? Ellos no pueden alabarle porque ya no viven para Él. De nuevo aquí surge el tema de hacer las cosas por costumbre y por hábito. Eso es lo más cercano que puede haber a la muerte espiritual.

Ese tipo de personas, las tenemos en abundancia. Creen que por cumplir con el rito religioso y asistir a su reunión de vez en cuando están bien con Dios, sin saber que su corazón está lejos de Él, y luego se preguntan por qué no pueden alabarle con más libertad.

Algunas veces encuentran a otras personas que sí tienen relación con Dios y que disfrutan de la alabanza. Entonces comienzan a cuestionar la sanidad mental de las mismas, o simplemente lo explican de esta manera: «Es que... están en su primer amor. Ya se les pasará». ¡Qué ejemplo más extraordinario de lo que es y lo que produce la muerte espiritual!

Supe de un pastor que tuvo a un grupo de sus jóvenes en un congreso juvenil precioso, que se organiza cada año en México, llamado «Visión juvenil», donde los jóvenes se encuentran con una semana intensa, llena de la Palabra, de alabanza y adoración, de desafíos y purificación espiritual, en fin, un tiempo maravilloso en la presencia del Señor.

Cuando estos jóvenes regresaron con júbilo a su congregación, queriendo movilizarse en varias áreas —desde evangelismo hasta crecimiento espiritual—, se encontraron con que su pastor no tenía la misma convicción que ellos. Al contrario, les dijo: «Les doy tres meses para que se les pase esta euforia, y regresen a su estado normal».

¡Qué perfecto ejemplo de un hombre que ha muerto espiritualmente! En lugar de aprovechar el momento con estos muchachos, infundiéndoles más de la Palabra y animándoles a que se involucren hasta dónde puedan, cínicamente (¿quizá por envidia?), procede a aplastarlos y a «ponerlos en su lugar».

Que Dios nos libre de esta clase de líder dentro de su iglesia. Hombres que ya no tienen la vida, la chispa ni el ánimo de seguir con una relación fresca y al día con el Señor: muerte espiritual. Aparentan espiritualidad, pero sus corazones están lejos de Dios (Isaías 29.13).

Un muerto no siente nada, no se emociona con nada, nada le trae alegría, simplemente no tiene ningún sentimiento porque está muerto. Si usted tiene estos síntomas, chequéese para ver si hay necesidad de una resurrección en su vida espiritual.

La mejor manera de resucitar es morir a usted mismo y resucitar en la vida de Jesucristo. No importa cuántos años tenga usted de conocer al Señor. Es importante renovar esos votos diariamente para que nuestra relación con Él esté «al día». Esas pueden ser algunas de las cosas que lo «detienen de alabar» con libertad. Haga aquí una pausa, y si hay necesidad de arreglar alguna o varias de estas cosas en su vida, tómese el tiempo de hacerlo ahora mismo. No siga adelante hasta que haya puesto en orden cualquiera de estos impedimentos que posiblemente se encuentren en su vida, impidiéndole llegar a ser un verdadero adorador.

Orgullo (fariseísmo)

Otro de los impedimentos más comunes en la vida de un cristiano que quiere ser un adorador más completo, es el espíritu de orgullo que entra en nuestra vida. Todos batallamos con el orgullo, y el que dice que no, tiene otro problema: la mentira. En nuestra carne, todos tenemos deseos de ser vistos, reconocidos, elogiados, elevados y todo cuanto tenga que ver con gratificar la carne. Sólo que algunos han aprendido como ocultar mejor el orgullo que otros, y estos últimos viven en un estado constante de engaño, con una gran necesidad de que el Señor les quebrante para deshacer todo lo malo que hay adentro. Un gran amigo mío, Juan Spyker, me dijo esto en una ocasión: «Al quebrantarnos, Dios no quiere destruirnos a nosotros, sino que quiere destruir las actitudes incorrectas que hay dentro de nuestras vidas, para que Su gloria pueda reflejarse a través de nosotros».

¡Qué verdad tan poderosa! ¡Qué principio tan correcto! Como lo dice Chuy Olivares: «El orgullo es una de las cosas más ridículas que el hombre puede tener. Todo lo que tenemos nos ha sido regalado. Nada tenemos por nuestros propios méritos. Entonces, ¿cómo enorgullecerse por algo que ni es nuestro?» ¡Muy buena pregunta!

Si usted trae a su memoria todo lo que hablamos en el capítulo cinco, se acordará que una de las cosas que vimos para ser un verdadero adorador es la necesidad de humillarnos ante Él, reconociendo que «Él es todo, yo soy nada (sin Él)».

La ESENCIA misma de la adoración (el postramiento) es la humillación. ¿Cómo poder ser un verdadero adorador sin mostrar humildad delante de Él? ¡Imposible!

El orgullo ha detenido a muchos de recibir todas las bendiciones que el Señor ha preparado para ellos por medio de la alabanza y la adoración. Muchos están muy preocupados por el «¿qué dirán?» de las demás personas que los están viendo. «No podré levantar mis manos al Señor, porque, ¿qué dirán?» «No podré gritar con voz de júbilo, porque, ¿qué dirán?» «Perderé mi prestigio, el renombre que me ha costado tanto tener, si me pongo a danzar con los demás. Mejor me quedo aquí, estático, frío e indi-

ferente a los mandamientos del Señor, porque
yo soy una persona muy respetada y no quiero
perder mi imagen por nada del mundo». ¡Qué
triste! ¡Qué verdaderamente triste! Si sólo su-
piéramos que lo que importa es lo que «diga»
Él, no lo que digan los demás.

¿Estamos queriendo agradarle a Él, a nosotros o a los demás? Defínalo de una buena vez,
porque si no quiere agradarle a Él, será muy
difícil que usted llegue a ser un verdadero adorador. Lea esto: «Pues, ¿busco ahora el favor de
los hombres o el de Dios? ¿O trato de agradar
a los hombres? Pues si todavía agradara a los
hombres, no sería siervo de Cristo» (Gálatas 1.10).
Más claro no puede estar. Si estamos queriendo
agradar a los hombres, simplemente no somos
siervos de Cristo, por mucho que nos queramos
autodenominar «siervos de Cristo».

La servidumbre a Cristo es caracterizada por
nuestra humildad y nuestro deseo de agradarle
a Él.

En el subtítulo de esta sección puse entre pa-
réntesis «fariseísmo». ¿Por qué habré utilizado
esa palabra en relación con el orgullo? Los fariseos eran tan «espirituales» que era imposible
para ellos tener humildad. ¿Cómo puede uno
tener humildad cuando posee tantas cualidades
extraordinarias, espiritualmente hablando? (tome nota del cinismo en la pregunta). Estos eran
los que siempre estaban queriendo detener la
alabanza a Jesús y en cualquier oportunidad

que tenían intentaban impedir que la gente alabase a Dios.

Hay un sinfín de versos para apoyar esta afirmación, pero sólo veremos uno o dos:

> Cuando llegaban cerca de la bajada del monte de los Olivos, la multitud de discípulos, gozándose, comenzó a alabar a Dios a grandes voces por todas las maravillas que había visto, diciendo: ¡Bendito el rey que viene en el nombre del Señor; paz en el cielo, y gloria en las alturas! Entonces algunos de los fariseos de entre la multitud le dijeron: Maestro, reprende a tus discípulos. Él, respondiendo, les dijo: Os digo que si éstos callaran, las piedras clamarían.
>
> Lucas 19.37-40

> Y vinieron a él en el templo ciegos y cojos, y los sanó. Pero los principales sacerdotes y los escribas, viendo las maravillas que hacía, y a los muchachos aclamando en el templo y diciendo: ¡Hosanna al Hijo de David! se indignaron.
>
> Mateo 21.14,15

A los fariseos no les gusta que se alabe al Señor, y siempre están queriendo que se detenga la alabanza. ¡Cómo hay fariseos hasta la fecha entre nosotros! Personas que prefieren matar al Señor (porque eran los fariseos los que lo procuraban hacer, y al fin lo lograron), que permitir que se le aclame y se le alabe.

Por alguna razón, nunca he podido tener paz

con los fariseos, y el espíritu del fariseísmo es algo que en verdad molesta e impide en la vida de uno que quiere llegar a ser un verdadero adorador. ¡Cuídese de ese espíritu, para que no lo controle! Obsérvese para ver si en su vida hay algún rasgo farisáico y destrúyalo en el nombre de Jesús, para que pueda seguir caminando hacia adelante, en su búsqueda por llegar a ser un verdadero adorador.

Ah, otra cosa, no les tenga miedo a los fariseos, ni se preocupe por ellos. Ellos siempre estarán entre nosotros. No permita que sus opiniones o puntos de vista lo detengan de adorar al Señor con toda sus fuerzas. ¡Usted adórele!

«Piloto automático»

Este es otro de los problemas que enfrentamos comúnmente los que queremos adorar mejor al Señor. Como humanos, tenemos la tendencia de hacer las cosas por hábito y costumbre. En la alabanza y adoración, muchas veces entonamos los mismos cantos que tantas veces lo hemos hecho en «piloto automático», es decir, ni estamos pensando en lo que estamos cantando, simplemente lo hacemos por inercia.

Esto puede ser peligroso porque, como ya lo vimos en uno de los capítulos anteriores, de repente el Señor nos toma la palabra en algunos de esos cantos «peligrosos» que cantamos sin pensar en lo que estamos diciendo.

Es importante que cada vez que cantemos o

levantemos la voz para darle honra, lo hagamos como si fuera la primera vez. Qué preciosa sería nuestra expresión si cada vez le damos
la misma energía y la misma entrega como al
principio, cuando conocimos al Señor, o cuando
por primera vez cantamos una canción «x».
Cuídese de no ser un adorador de «piloto automático», sino que siempre piense en lo que
canta, haciéndolo real para usted, y llevándolo
a su vida diaria y práctica.

Aquí están algunas señales de cómo usted se
puede dar cuenta si está cantando o no en «piloto automático»:

1) Al estar cantando y alabando, se fija
que la hermana Susana está portando
un nuevo peinado (y, por cierto, no
es muy bonito).

2) Al estar en la adoración, postrados, se
fija que hay hormiguitas en el piso, y
usted empieza a seguir el camino para ver a dónde van, sin perder una
sola nota de lo que se está cantando.

3) Con la vista hacia arriba, con las manos levantadas, ha contado todas las
luces, sin dejar de cantar.

4) Al estar en el tiempo de la celebración,
ha estado solucionando ese problema
del trabajo, sin perder un solo aplau-
so del ritmo que se está tocando.

Estas y muchas otras cosas son señales de
que usted necesita una renovación en su vida
de adorador. Se ha vuelto costumbre, que pue-

de hacer muchas otras cosas al estar cantando, aplaudiendo y alabando. Es importante recordar que mientras alabamos y adoramos, necesitamos darle a Él toda nuestra atención, permitiendo que Él obre en nuestras vidas por medio de la alabanza y especialmente en la adoración. Asegúrese que no haya el problema de «piloto automático» en su vida si quiere llegar a ser un verdadero adorador.

Lógicamente, podríamos referirnos a muchas otras cosas que pueden servir de estorbo en nuestra vida de adoración, pero en este capítulo quería tocar aquellos más comunes.

Con lo que ha leído aquí y con otros libros y material que lea y estudie, usted puede ir dando soluciones a los asuntos de su incumbencia personal. Espero que esto le sirva de guía, de ayuda, de un complemento a lo que usted ya está haciendo para llegar a ser un verdadero adorador. Y recuerde, no deje que nada ni nadie lo detenga de recibir TODO lo que el Señor ha preparado para usted a través de la maravillosa experiencia de la alabanza y adoración.

CONCLUSIÓN

*P*ENSANDO en qué palabras de todo lo que hemos tratado en este libro, serían las que más me gustaría se quedaran grabadas en su pensamiento, recordé un canto que compuso mi amigo Juan Carlos Alvarado, de Guatemala:

Mi mejor adoración es entregarte todo mi corazón
Y rendirte mi vida, sin reservas Señor,
Es entregarte todo mi corazón.
No quiero tener un encuentro emocional,
Quiero encontrarme contigo.
Y verte, Señor, sentado en majestad.
Toma mi corazón, quiero cambiar*

De todo lo que vimos en este libro, deseo que lo que quede indeleblemente impreso en su vida es que la alabanza y la adoración no es cantar ni tocar música bonita, ni llevar un «programa» dominical, sino que es un estilo de vida y una condición del corazón.

El Señor está buscando una relación íntima y estrecha con nosotros, deseoso de tener una amistad con cada uno de Sus hijos y, para ello,

*© 1993 Adoración y Alabanza Producciones (Admin. por WORD, Inc.)

tenemos que «entregarle todo» como dice el canto. Abrazar toda la verdad de Dios es adorar a Dios. Obedecer toda la verdad de Dios es adorar a Dios. El cantar y tocar instrumentos no nos hace adoradores, y este es el mensaje que más quisiera dejarle.

Espero que al terminar de leer este libro usted tenga tanto el deseo como la herramienta para llegar a ser un mejor y verdadero adorador. No se canse en ese camino de buscar toda la verdad de Dios, ni permita que lo desvíen con asuntos que no tienen base en la Palabra Eterna de nuestro Señor. La cosa es sencilla: Ríndase a Él en todo y usted estará más cerca de llegar a ser un verdadero adorador. Así que,

¡ADOREMOS!

Marcos Witt